Grundlagen der Varianzanalyse

Frank Huber · Frederik Meyer · Michael Lenzen

Grundlagen der Varianzanalyse

Konzeption – Durchführung – Auswertung

Frank Huber
LS für Marketing I
Universität Mainz
Mainz, Deutschland

Michael Lenzen
Icon Added Value GmbH
Nürnberg, Deutschland

Frederik Meyer
LS Marketing I
Universität Mainz
Mainz, Deutschland

ISBN 978-3-658-05665-0
DOI 10.1007/978-3-658-05666-7

ISBN 978-3-658-05666-7 (eBook)

Die Deutsche Nationalbibliothek verzeichnet diese Publikation in der Deutschen Nationalbibliografie; detaillierte bibliografische Daten sind im Internet über http://dnb.d-nb.de abrufbar.

Springer Gabler
© Springer Fachmedien Wiesbaden 2014
Das Werk einschließlich aller seiner Teile ist urheberrechtlich geschützt. Jede Verwertung, die nicht ausdrücklich vom Urheberrechtsgesetz zugelassen ist, bedarf der vorherigen Zustimmung des Verlags. Das gilt insbesondere für Vervielfältigungen, Bearbeitungen, Übersetzungen, Mikroverfilmungen und die Einspeicherung und Verarbeitung in elektronischen Systemen.

Die Wiedergabe von Gebrauchsnamen, Handelsnamen, Warenbezeichnungen usw. in diesem Werk berechtigt auch ohne besondere Kennzeichnung nicht zu der Annahme, dass solche Namen im Sinne der Warenzeichen- und Markenschutz-Gesetzgebung als frei zu betrachten wären und daher von jedermann benutzt werden dürften.

Lektorat: Irene Buttkus, Imke Sander

Gedruckt auf säurefreiem und chlorfrei gebleichtem Papier

Springer Gabler ist eine Marke von Springer DE.
Springer DE ist Teil der Fachverlagsgruppe Springer Science+Business Media.
www.springer-gabler.de

Vorwort

In allen Bereichen des Marketings – ob in Praxis oder Forschung – sind die Ergebnisse von empirischen Studien von großer Bedeutung. Vor allem Experimente spielen eine große Rolle bei der Gewinnung von Erkenntnissen zum Konsumenten- bzw. Kundenverhalten. Die dafür zuständigen Personen müssen die Ergebnisse solcher Studien richtig einordnen und bewerten können, was ein entsprechendes Verständnis hinsichtlich versuchsplanerischer Methoden sowie die Fähigkeit zur Bewertung von angewandten statistischen Vorgehensweisen voraussetzt. Nur so lässt sich die Gültigkeit (Validität) der Ergebnisse einzelner Studien und folglich auch die Güte der abgeleiteten Empfehlungen einschätzen.

Diese Basiskompetenz zur Gewinnung von Erkenntnissen mit Hilfe der Durchführung von Experimenten wird dem Interessierten in diesem Buch vermittelt. Ansatzpunkt ist dabei zunächst die Konzeption eines Experiments, mit dem der Erkenntnisfortschritt erreicht werden soll. In diesem Zusammenhang stehen Entscheidungen das experimentelle Design betreffend im Vordergrund. Damit die Forschung nicht im luftleeren Raum erfolgt, sind darüber hinaus Hypothesen aufzustellen, die sich entlang (sozial-)psychologischer Theorien bewegen. Die datenbasierte Überprüfung dieser Hypothesen und der daraus resultierende Erkenntnisgewinn erfolgen im Rahmen der Durchführung von Experimenten in der Regel mit Hilfe der Varianzanalyse. Aus diesem Grunde rundet das vorliegende Buch den Forschungsprozess mit einer ausführlichen Beschreibung dieses Verfahrens an einem Beispiel ab.

Alles in allem möchten die Autoren mit diesem Buch dazu beitragen, ein Basisverständnis für experimentelle Marketingforschung aufzubauen. Die Ausführungen versetzen den Leser in die Lage, empirische Studien zu bewerten, nachzuvollziehen und selbst durchführen zu können. Damit ist vor allem das Ziel verbunden, Neulinge, wie Studierende der Wirtschaftswissenschaften, an die empirische Marketingforschung mit Experimenten heranzuführen.

Mainz, im Juni 2014

Frank Huber, Frederik Meyer und Michael Lenzen

Inhalt

Vorwort 5

1	Zur Relevanz von Experimenten in der Marketingforschung	9
2	Grundlagen sozialwissenschaftlicher Forschung	11
2.1	Wissenschaftstheoretische Grundlagen	11
2.1.1	Wissenschaftstheoretische Grundpositionen	11
2.1.2	Arbeiten mit Theorien zur Hypothesenbildung	13
2.1.3	Unterschiedshypothesen und Kausalhypothesen	14
2.2	Statistische Grundlagen	16
2.2.1	Ein intuitives Beispiel zur statistischen Signifikanz	16
2.2.2	Fehler erster Art	17
2.2.3	Konfidenzintervall	18
2.2.4	t-Test und p-Wert	19
3	Konzeption und Durchführung von Experimenten	23
3.1	Konzeptionelle Grundlagen zu Experimenten	23
3.2	Experimentelle Versuchspläne und Stichprobengröße	25
3.3	Vermeidung von Methodenfehlern	31
3.4	Operationalisierung von Variablen	34
3.5	Kontrolle von Störvariablen	36
3.6	Kriterien zur Überprüfung der Güte von Experimenten	39
4	Auswertung von Experimenten mittels Varianzanalyse	43
4.1	Grundidee der Varianzanalyse	43
4.2	Vorbereitung und erste Schritte	47
4.2.1	Getrennte Datensätze eines Experiments zum ANOVA-Datensatz verknüpfen	47
4.2.2	Einlesen der Daten in SPSS	50
4.2.3	Datenansicht und Variablenansicht	50
4.2.4	Berechnung der gemittelten Variablen	51
4.2.4.1	Reliabilitätsprüfung	51
4.2.4.2	Neue Variablen berechnen	52
4.3	Voruntersuchungen zur Varianzanalyse	55
4.3.1	Erste deskriptive Auswertungen	55
4.3.2	Manipulation Checks	57
4.3.2.1	Generelles Vorgehen	57
4.3.2.2	Unterschiedliche Erscheinungsformen	57
4.3.2.3	Notwendigkeit und Verarbeitung	62
4.3.3	Prämissenüberprüfung	63
4.3.3.1	Prämissen der ANOVA	64
4.3.3.2	Zusätzliche Prämissen der MANOVA	67
4.3.3.3	Zusätzliche Prämissen der ANCOVA	69

4.4	Durchführung einer (M)AN(C)OVA	72
4.4.1	Durchführung und Identifikation signifikanter Effekte	72
4.4.2	Wirkungsrichtung der signifikanten Effekte	77
4.4.2.1	Graphische Analyse	77
4.4.2.2	A-priori-Kontraste	80
4.4.2.3	Post-Hoc-Tests	82
4.4.3	Effektstärke der signifikanten Effekte	86
4.4.4	Interpretation von Interaktionseffekten	87
5	Fallstudie zur Anwendung der Konzeption, Durchführung und Auswertung von Experimenten	89
5.1	Exemplarischer Datensatz	89
5.2	Konzeption und Durchführung eines Experiments	90
5.2.1	Auswahl der Faktoren und abhängigen Variablen	90
5.2.2	Auswahl der Faktorstufen	92
5.2.3	Durchführung des Experiments	94
5.3	Auswertung eines Experiments mittels Varianzanalyse	94
5.3.1	Vorbereitung und erste Schritte	94
5.3.2	Voruntersuchungen	96
5.3.3	Durchführung der Varianzanalyse	102
6	Fazit und Ausblick	109
Literatur		111

1 Zur Relevanz von Experimenten in der Marketingforschung

Experimente dienen der Untersuchung vielfältiger für das Marketing interessante Phänomene. So kommen z.B. in der Marketingpraxis besonders dann Experimente zur Anwendung, wenn die Unterschiede verschiedener Gestaltungsmöglichkeiten von neuen Produkten, Verpackungen oder Werbeanzeigen untersucht werden sollen. Für den Absatz des Unternehmens und letztendlich für den Gewinn kann es von großer Bedeutung sein, die richtige Entscheidung in Bezug auf kleinste Details in Produkt-, Verpackungs- oder Werbegestaltung zu treffen. Die Zielgruppe darf dann bereits vor der Markteinführung eines Produkts testen und bewerten, inwieweit sich dieses von denen der Konkurrenz oder dem gegenwärtig am Markt angebotenen Produkt unterscheidet. Über die Analyse der Urteile der Befragten bezüglich verschiedener Produktvarianten, versuchen Unternehmen letztlich die erfolgversprechendste Leistung zu identifizieren.

Vor allem aber in der Marketing- und Konsumentenforschung spielen experimentelle Versuchsaufbauten eine wichtige Rolle. Eine aktuelle Studie zum Thema Cause-Related Marketing untersucht beispielsweise, ob es einen Unterschied macht, wenn die Konsumenten (und nicht die Unternehmen) den guten Zweck einer sozialen Aktion eigens bestimmen können.[1] Die Autoren vermuten, dass die Auswahl des guten Zwecks generell einen positiven direkten Effekt auf die Kaufabsicht von Verbrauchern gegenüber einem „sozialen Produkt" hat. Des Weiteren vermuten sie, dass dieser positive Effekt umso stärker ist, je mehr sich die Konsumenten als Teil der Gesellschaft sehen. Ein experimentelles Design sowie eine Auswertung per Varianzanalyse geben Aufschluss darüber, inwiefern diese Hypothesen zutreffen. Als weiteres Beispiel für die Anwendung experimenteller Untersuchungsdesigns in der Konsumentenforschung dient darüber hinaus eine aktuelle Studie von *Mogilner et al.* Die Forscher interessiert, unter welchen Umständen sich Konsumenten glücklich fühlen und welchen Einfluss dies auf ihr Kaufverhalten hat.[2] Verschiedene Arten der „Happiness" werden hier in einer experimentellen Studie varianzanalytisch untersucht. Auch in den Bereichen der Management Informationssysteme[3] sowie der Werbewirkungsforschung[4] werden häufig Experimente genutzt, um die dort beobachtbaren Phänomene besser zu verstehen.

Doch wie sieht der Prozess einer solchen Experimentalgestaltung aus? Die zielgerichtete Konzeption von Experimenten ist der erste entscheidende Schritt. Eine eingehende Vorbereitung und die intensive Planung der Ausgestaltung eines Experiments bilden die notwendige Grundlage wissenschaftlicher Erkenntnisse. Sowohl in Bezug auf die manipulierten Einflussfaktoren und deren Ausprägungsstufen als auch im Hinblick auf die gewähl-

---

[1] Vgl. Robinson/Irmak/Jayachandran (2012), S. 128.
[2] Vgl. Mogilner/Aaker/Kamvar (2012), S. 429.
[3] Vgl. Dou et al. (2010), S. 261.
[4] Vgl. Garretson Folse/Netemeyer/Burton (2012), S. 17.

ten abhängigen Variablen gilt es, den richtigen Rahmen des experimentellen Designs zu schaffen. Außerdem sollte den Forschern das nötige Wissen über Hypothesenentwicklung und theoriegestützte Herleitung bereits vor der Konzeption eines konkreten Experimentaldesigns vorliegen. Die zielgerichtete Durchführung einer entsprechenden empirischen Studie kann dann als zweiter Bestandteil einer erfolgreichen Experimentgestaltung angesehen werden. Die Auswertung der durch den experimentellen Versuchsaufbau generierten Daten mittels Varianzanalyse bildet dann den dritten Teil der Untersuchung. Damit die Auswertung gelingt sind einige Prämissen, die der Varianzanalyse zugrunde liegen, zu überprüfen. Die varianzanalytische Auswertung gewährleistet dann die Identifikation signifikanter Zusammenhänge zwischen Ursache- und Wirkungsgrößen, der Wirkungsrichtung sowie der Stärke dieser Effekte. In einem letzten Schritt müssen sämtliche identifizierten Einflüsse vor dem Hintergrund der theoretischen Fundierung interpretiert werden.

Ausgehend von der Vorgehensweise bei der Gewinnung von Erkenntnisfortschritt mit Hilfe eines experimentellen Versuchsaufbaus gliedert sich das vorliegende Buch wie folgt: In Kapitel 2 interessieren die Grundlagen der empirischen Sozialforschung aus wissenschaftstheoretischer und statistischer Perspektive. Es wird erläutert, wie der Forscher eine sinnvolle theoretische Basis für seine Hypothesen schafft und welche statistischen Kennzahlen bei der Durchführung des Experiments näher betrachtet werden sollten. In Kapitel 3 folgt die Konzeption und Durchführung von Experimenten. Dabei werden zunächst konzeptionelle Grundlagen erklärt, bevor die Auswahl der unabhängigen Einflussfaktoren und der abhängigen Zielvariablen im Mittelpunkt steht. Ein Überblick über verschiedene Effekte im Rahmen der Durchführung von Experimenten, wie der Einfluss moderierender Variablen oder die Wechselwirkung zwischen den berücksichtigten Größen, rundet dieses Kapitel ab. In Kapitel 4 richtet sich das Augenmerk auf eine sinnvolle Vorbereitung der Daten zur Datenanalyse sowie auf einen zielgerichteten Umgang mit dem Datensatz. Es gilt hier die Reliabilität der verwendeten Skalen zu ermitteln, die eigenen Manipulationen zu prüfen und die Prämissen der Varianzanalyse detailliert zu untersuchen. Die varianzanalytische Auswertung wird dann schrittweise erläutert und sollte auch unerfahrenen Forschern in ihren Grundzügen klar werden. In Kapitel 5 sollen dann die einzelnen Schritte in Bezug auf Konzeption, Durchführung und Auswertung von Experimenten am Beispiel eines realen Forschungsprojektes eine Anwendung erfahren. Anhand einer Studie zu internationalen Markenerweiterungen können hier sämtliche Bestandteile eines experimentellen Versuchsaufbaus nachvollzogen werden. Kapitel 6 schließt mit einem Fazit, in welchem die Erkenntnisse dieses Buches noch einmal zusammengefasst werden.

2 Grundlagen sozialwissenschaftlicher Forschung

2.1 Wissenschaftstheoretische Grundlagen

2.1.1 Wissenschaftstheoretische Grundpositionen

Im Mittelpunkt der empirischen Marketingforschung steht die Erlangung von Erkenntnisfortschritten in Bezug auf die Wahrnehmung und das Verhalten von Marktteilnehmern. Bezüglich der Generierung von Erkenntnisfortschritten sind unterschiedliche Grundpositionen relevant, die sich im Laufe der Zeit in der Wissenschaftstheorie herauskristallisiert haben. Die prominentesten sind der durch den *Wiener Kreis* begründete logische Empirismus sowie der kritische Rationalismus von *Popper*.[5]

Der logische Empirismus geht davon aus, dass nur existent sein kann, was sich auch in der Sinneswahrnehmung des Menschen manifestiert. Dementsprechend ist dieser Grundposition folgend das Anliegen der Wissenschaft, auf Basis von Beobachtungen formulierte Hypothesen zu verifizieren und auf diese Weise Theorien zur allgemeingültigen Beschreibung der Realität zu konstruieren. Die Verifizierbarkeit einer Hypothese ist es also, was dieser ihren Sinn verleiht.[6] Das zentrale Prinzip des logischen Empirismus ist damit die Induktion: Anhand von Daten über die Realität werden Hypothesen verifiziert, was letztlich zur Formulierung einer Theorie führt. Mit anderen Worten werden an einzelnen Sachverhalten oder Objekten gemachte Erfahrungen (Daten) zur Überprüfung von Annahmen über die Welt (Hypothesen) genutzt, um auf dieser Basis zu allgemeingültigen Aussagen (Theorie) zu kommen. Die Theorienbildung bezieht sich damit ausschließlich auf gemachte Beobachtungen, die die Realität jedoch nicht unbedingt vollständig abdecken: So kommt ein Beobachter, der bisher lediglich weiße Schwäne gesehen hat, zu dem Schluss, dass alle Schwäne weiß sein müssen und bezeichnet die Aussage, es gäbe lediglich weiße Schwäne, als allgemeingültig. Dieser induktive Schluss ist aber letztlich nicht logisch begründbar, was die größte Schwäche des logischen Empirismus darstellt. Die Anwendung der Grundposition des logischen Empirismus lässt sich trotz alledem relativ einfach rechtfertigen: Erstens verfügt die empirische Wissenschaft über keine besseren Methoden als die Überprüfung von Hypothesen an Einzelfällen und zweitens sind die abgeleiteten und als allgemeingültig erklärten Gesetzmäßigkeiten immerhin sehr wahrscheinlich.[7]

Der von *Popper* begründete kritische Rationalismus kann als Gegenentwurf zum logischen Empirismus angesehen werden. Für ihn beginnt der Erkenntnisgewinn nicht mit Beobach-

---

[5] Vgl. Heller (2012), S. 12ff.
[6] Vgl. Carrier (2009), S. 23.
[7] Vgl. Westermann (1987).

tungen, sondern mit einer Theorie und der daraus abgeleiteten Hypothese. Durch Deduktion, also dem Schluss vom Allgemeinen auf das Spezielle, kommt der Forscher zu einem die Realität abbildenden Modell in einem bestimmten Anwendungsfall. Dieses Modell ist letztlich einer empirischen Überprüfung zu unterziehen, um die Gültigkeit der Theorie in diesem konkreten Fall zu testen.[8] Die Theorie wird dabei als Vermutung angesehen, die es in Bezug auf konkrete reale Phänomene zu testen gilt und deren Gültigkeit in bestimmten Anwendungsfeldern zu prüfen ist. Folglich werden Voraussagen hier nicht verifiziert, sondern ausschließlich falsifiziert bzw. nicht falsifiziert. Die Falsifikation von Theorien erfolgt anhand empirischer Daten mit dem Ziel, falsche Theorien in Bezug auf einen Anwendungsfall auszusortieren. *Popper* folgend, kann der Erkenntnisgewinn damit ausschließlich durch das Falsifikationsprinzip erzielt werden. Damit einher geht auch die Notwendigkeit der ständig wiederholten Überprüfung von Theorien, da ein empirischer Test niemals abschließend theoretisch fundierte Hypothesen verifizieren kann, sondern sich der Forscher durch wiederholte Nicht-Falsifikation schrittweise der Wahrheit annähert. Auch ist damit ein induktives oder exploratives Vorgehen im Forschungsprozess nicht zulässig, lediglich das deduktive Vorgehen genügt den Ansprüchen des Falsifikationsprinzips. Allerdings führt die konsequente Ausrichtung der empirischen Forschung an deduktiven und damit logischen Schlüssen zu einer Einschränkung hinsichtlich der Mehrung von Erkenntnissen, da lediglich Hypothesen entlang bestehender Theorien akzeptiert sind.

Folglich wird die Sinnhaftigkeit einer konsequenten Anwendung des kritischen Rationalismus in der sozialwissenschaftlichen Forschung angezweifelt.[9] Die strenge Orientierung an den kritisch-rationalistischen Prinzipien gilt hier als realitätsfern, da eine schlüssige Falsifikation in den sozialwissenschaftlichen Disziplinen nicht zu realisieren ist.[10] Zurückzuführen ist dies auf die höhere Komplexität in Bezug auf die zu berücksichtigenden Einflussfaktoren im Vergleich zu naturwissenschaftlichen Disziplinen. Darüber hinaus sind empirische Überprüfungen in den Sozialwissenschaften stets mit Messfehlern in den berücksichtigten Größen verbunden, was eine Falsifikation unmöglich macht.[11] Viele Forschungsbestrebungen bringen es zudem mit sich, dass sie theoretisch zu wenig durchdrungen sind, als dass ein deduktives Vorgehen erfolgen könnte.[12]

Der von *Leplin* und *Hunt* geprägte wissenschaftliche Realismus trägt diesen Kritikpunkten Rechnung.[13] Induktive Schlussfolgerungen sind dementsprechend zu akzeptieren und die empirische Überprüfung theoretisch postulierter Annahmen kann auch in deren Bestätigung gipfeln. Dies bedeutet allerdings nicht, dass der wissenschaftliche Realismus die Existenz universeller Wahrheiten vertritt. Vielmehr geht es um die schrittweise Annäherung an die Wahrheit, was durch den mehrfachen Test von Hypothesen erfolgt.[14] Dieser

---

[8] Vgl. Popper (1973), S. 213 ff.
[9] Vgl. u. a. Kubiczek (1975), S. 48 ff.; Deshpande (1983), S. 105 ff.
[10] Vgl. Kubiczek (1975), S. 49; Witte (1981), S. 18.
[11] Vgl. Anderson (1983), S. 21; Martin (1989), S. 23.
[12] Vgl. Homburg (2000), S. 56.
[13] Vgl. Leplin (1981); Hunt (1984).
[14] Vgl. Peter (1997), S. 71.

Orientierungsrahmen lässt eine induktive Vorgehensweise zu,[15] was auch mit einem größeren Spektrum möglicher Erkenntnisfortschritte im Vergleich zum kritischen Rationalismus verbunden ist. Der wissenschaftliche Realismus ist folglich ein für die empirische Marketingforschung geeigneter Orientierungsrahmen. Es ist allerdings festzuhalten, dass auch bei diesem Prinzip nicht von einer universellen Gültigkeit der erlangten Erkenntnisse auszugehen ist.[16]

2.1.2 Arbeiten mit Theorien zur Hypothesenbildung

Der Erkenntnisfortschritt in der empirischen Marketingforschung beruht auf der Formulierung von Hypothesen. Die interessierende wissenschaftliche Fragestellung wird dabei zunächst in wissenschaftliche Hypothesen überführt. Diese sind letztlich Vermutungen über die Beziehung zwischen zwei oder mehr Variablen, die das betrachtete Phänomen charakterisieren. Die Gültigkeit der angenommenen Beziehung wird dabei für eine definierte Population vergleichbarer Objekte oder Ereignisse angenommen. Relevant für die Formulierung von Hypothesen ist, dass diese empirisch überprüfbar und als allgemeingültige Vermutung formuliert sind. Die Formulierung erfolgt dabei als Konditionalsatz in Form einer Wenn-Dann- bzw. Je-Desto-Aussage. Eine Hypothese wird folglich durch die Verknüpfung einer Bedingung (Wenn- bzw. Je-Satz) und einer Konsequenz (Dann- bzw. Desto-Satz) aufgestellt.

Die Auswahl der zu berücksichtigenden Variablen und damit die Beschreibung des zu untersuchenden Sachverhalts in Form eines Modells erfolgt in einem ersten Schritt typischerweise durch den Rückgriff auf Theorien, die im Falle der Marketingforschung in den meisten Fällen der Psychologie oder Sozialpsychologie entstammen. Beim Theoriemonismus wird lediglich eine einzige Theorie zur Erklärung eines Phänomens herangezogen.[17] Der auf *Feyerabend* zurückgehende Theorienpluralismus sieht hingegen die Anwendung und Kombination mehrerer Theorien vor.[18] Dieser Auffassung liegt die Idee zugrunde, dass sich einzelne theoretische Konzepte sowie die daraus erzielten Erkenntnisse gegenseitig ergänzen können und daraus ein umfassenderes Verständnis des interessierenden Phänomens resultiert.[19] Folglich ist der Rückgriff auf mehrere Theorien zur Identifikation relevanter Variablen nicht nur legitim, sondern kann vielmehr für den Erkenntnisgewinn äußerst förderlich sein. Die Ermittlung der relevanten Variablen erfolgt in der Form, dass der Forscher nach einer auf das interessierende Phänomen übertragbaren Theorie sucht. Entweder abstrahiert er dabei vom konkreten Marketingphänomen, um eine passende Theorie zu identifizieren, z. B. sieht er das Verhältnis von Marke zu Konsument als Beziehung und zieht dementsprechend Beziehungstheorien heran, oder aber der Forscher identifiziert einzelne Elemente des zu untersuchenden Phänomens (durch Beobachtung oder

---

[15] Vgl. Zaltman/LeMasters/Heffring (1982), S. 97 ff. zur komplementären Anwendung deduktiver und induktiver Methoden.
[16] Vgl. Hunt (1994), S. 134 ff.
[17] Vgl. Huber (2004), S. 74.
[18] Vgl. Feyerabend (1965). Zur Kritik am theoretischen Pluralismus vgl. Staehle (1990).
[19] Vgl. Peter (1997), S. 72 sowie von der Oelsnitz (1997), S. 24.

vorliegende empirische Erkenntnisse) und identifiziert dann solche Theorien, welche unter anderem dieses Element berücksichtigen. Im zweitgenannten Fall beobachtet der Forscher bspw. dass sich der Konsum nach dem sozialen Umfeld des einzelnen Konsumenten richtet. Diese als soziale Norm bezeichnete Variable ist Teil der Theorie des vernünftigen Handelns, des geplanten Verhaltens oder aber auch des zielorientierten Verhaltens, die der Forscher somit für die Beschreibung des Phänomens heranziehen könnte.

Merton nennt in Bezug auf die Beschreibung sozialer Phänomene Theorien mit mittlerer Reichweite als erstrebenswert.[20] Mit der Kategorisierung von Theorien in Haupttheorien, Theorien mittlerer Reichweite und Mikrotheorien unterscheidet *Merton* das Abstraktionsniveau einer Theorie. Haupttheorien sind endlos weitreichende Theorien, wie sie in den Naturwissenschaften angestrebt werden und die für sämtliche beobachtbaren Phänomene Gültigkeit besitzen. Mikrotheorien stellen hingegen das Gegenteil dar. Die Reichweite dieser Theorien ist auf fallspezifische Fakten begrenzt. Die Allgemeingültigkeit des Phänomens spielt damit eine untergeordnete Rolle (radikaler Empirismus). Gleichwohl können auch der radikale Empirismus bzw. die mikrotheoretische Begründung einen Erkenntnisfortschritt ermöglichen (z.B. Erfolgsfaktorenforschung). Theorien mittlerer Reichweite besitzen einen engen Geltungsbereich und weisen eine hohe Operationalität auf.[21] Die Diffusionstheorie ist bspw. eine solche Theorie, da sie konkrete und allgemeingültige Muster bei der Durchsetzung von Marktneuheiten postuliert. Häufig beinhalten Theorien mittlerer Reichweite auch die zu berücksichtigenden Konstrukte bzw. Variablen, die zur Erklärung eines Phänomens von Relevanz sind. Eine konsequente Anwendung einer solchen Theorie im Rahmen verschiedener Studien ist für den Erkenntnisfortschritt deshalb förderlich, da dies ihre stetig wiederholte, empirische Überprüfung forciert und damit mit zunehmender Anzahl von Überprüfungen eine fundierte Aussage zu ihrer Gültigkeit überhaupt erst möglich macht. Die Marketingwissenschaft sieht sich bei der Anwendung von Theorien immer wieder größerer Kritik ausgesetzt, da sie vor der Herausforderung steht Theorien aus anderen Disziplinen, z. B. Psychologie oder Sozialpsychologie, entleihen und transferieren zu müssen. Ein Auslassen von zunächst einmal vielversprechenden Theorien, die also in irgendeiner Weise Erkenntnisse beitragen können, ist allerdings nicht begründbar.[22] Wegen des neu postulierten Gültigkeitsbereichs ist eine empirische Testung solcher Theorien unbedingt erforderlich. Vielmehr sollten die anzuwendenden Theorien möglichst verstanden werden, um diese adäquat auf das Marketingphänomen übertragen zu können.

2.1.3 Unterschiedshypothesen und Kausalhypothesen

In der Marketingforschung sind die Unterschiedshypothese und die Kausalhypothesen von großer Bedeutung. Unterschiedshypothesen machen eine Aussage über die Unterschiede zwischen zwei (oder mehreren) Gruppen bezüglich einer Variablen. In Kausalhy-

---

[20] Vgl. Merton (1998).
[21] Vgl. Franke (2002), S. 196.
[22] Vgl. Franke (2002), S. 198.

pothesen sind hingegen Aussagen über Zusammenhänge zwischen zwei oder mehreren Variablen in einer Gruppe formuliert.

Häufig ist von Interesse, welche Wirkung eine Veränderung der Marketingaktivitäten und/oder -umwelt entfaltet. So hat sich die Markentransferforschung bspw. die Frage gestellt, wie Konsumenten ein neues Produkt eines etablierten Markenherstellers bewerten (Einstellung gegenüber dem neuen Produkt als Wirkung). Und zwar in Abhängigkeit davon, wie stark sich dieses neue Produkt von den bisher angebotenen Produkten des Herstellers unterscheidet (Produktfit als Ursache). Folglich geht es hier um die Prüfung folgender Hypothesen: „Je höher der Fit zwischen dem neuen Produkt und den bisherigen Produkten der Marke, desto positiver ist die Einstellung gegenüber diesem neuen Produkt". Zur Untersuchung solcher Fragestellungen bietet sich vor allem das Experiment an, da hier das zu untersuchende Phänomen (Produktfit) absichtlich herbeigeführt (manipuliert) und die Wirkung durch Beobachtung oder Befragung gemessen werden kann. Den Einfluss möglicher Störgrößen gilt es zu kontrollieren. Überprüft wird die Hypothese dann anhand der Mittelwerte, welche die abhängige Variable bei den unterschiedlichen Bedingungen annimmt. Damit sind der Unterschied der Werte sowie die Signifikanz dieses Unterschieds von Relevanz.

In wissenschaftlichen Publikationen der Marketingforschung wird in der Regel die sogenannte Alternativhypothese verfasst, in der die Annahme der Existenz eines Unterschieds bzw. Zusammenhangs zum Ausdruck kommt. Das Gegenteil zur Alternativhypothese ist die Nullhypothese, die von der Nicht-Existenz eines Unterschieds oder Zusammenhangs ausgeht. Bei der Verbalisierung von Hypothesen ist darauf zu achten, dass diese möglichst präzise und damit auch als eindeutig überprüfbar formuliert werden. Im Hinblick auf die Eindeutigkeit sind einseitige Hypothesen zu bevorzugen. Einseitige Hypothesen machen eine klare Aussage darüber, in welcher Richtung ein Zusammenhang verläuft (positiv oder negativ) bzw. in welcher Gruppe eine Variable stärker ausgeprägt ist und nicht nur, dass ein Zusammenhang vorliegt oder es Unterschiede in verschiedenen Gruppen gibt. Folglich muss einer Bedingung bzw. Ursache eine eindeutige Konsequenz bzw. Wirkung zugeordnet werden, was deren Messung (Operationalisierung) erforderlich macht. Dafür muss der zu untersuchende Sachverhalt zunächst identifiziert und dann genau beschrieben, definiert, wertfrei benannt sowie für die statistische Prüfung letztlich auch quantifiziert werden.

In der empirischen Marketingforschung stellen die beiden Bestandteile einer Hypothese (Bedingung und Konsequenz) konkrete Ausprägungen von Variablen dar, mit deren Hilfe das untersuchte Phänomen messbar gemacht wird (Operationalisierung). Die Bedingung wird demnach repräsentiert durch die unabhängige Variable, die Konsequenz wird durch die abhängige Variable widergespiegelt. Die empirische Überprüfung von wissenschaftlichen Hypothesen erfolgt durch deren Überführung in statistische Hypothesen, die wiederum Wahrscheinlichkeitsaussagen darstellen. Hintergrund dessen ist die Erkenntnis, dass eine Aussage nicht einfach durch das Anführen von Gegenbeispielen falsifiziert oder durch das Anführen von Positivbeispielen verifiziert werden kann. Aus diesem Grunde macht man sich das Prüfkriterium der statistischen Signifikanz zunutze. Dieses liefert eine

Aussage darüber, mit welcher Wahrscheinlichkeit davon auszugehen ist, dass die empirischen Daten die Hypothese stützen und folglich nicht der Zufall für das Vorliegen eines postulierten Phänomens verantwortlich gemacht werden kann. Dabei ist allerdings zu konstatieren, dass die Bestätigung von Hypothesen auf einem festgelegten Signifikanzniveau nicht zur Erklärung der endgültigen Gültigkeit verleiten darf.

2.2 Statistische Grundlagen

2.2.1 Ein intuitives Beispiel zur statistischen Signifikanz

Um den Unterschied der Mittelwerte verschiedener Gruppen zu untersuchen, ist das Konzept der statistischen Signifikanz von Bedeutung. Ein intuitives Beispiel schafft hierzu zunächst das notwendige Grundverständnis. Die Konsumentengruppen von zwei neuen Getränken sollen anhand von jeweils 50 Probanden im Hinblick auf Unterschiede beim Alter überprüft werden. Zur Verdeutlichung seien die beiden Produkte mit „Traditionsgetränke" und „Junge Brause" bezeichnet. Insgesamt konsumieren deutschlandweit bereits jeweils 500 Personen diese neuen Getränke (Grundgesamtheit). Es wird nun das Alter der 50 anwesenden Probanden erhoben, um ein durchschnittliches Alter aller 500 Konsumenten des jeweiligen Produkts zu schätzen. Im Vergleich sind nun folgende drei Varianten der Altersverteilung denkbar:

1. Für das Traditionsgetränk beträgt das Durchschnittsalter der Konsumenten 37 Jahre. Für die Junge Brause beträgt es dagegen nur 22 Jahre. Intuitiv ist sofort ersichtlich, dass diese Differenz kein Zufall sein kann. Die 500 Konsumenten des Traditionsgetränks sind durchschnittlich mit hoher Sicherheit älter als die 500 Konsumenten der Jungen Brause.

2. Für das Traditionsgetränk beträgt das Durchschnittsalter der Konsumenten 22,5 Jahre. Für die Junge Brause beträgt es 22,4 Jahre. Intuitiv erscheint diese Differenz zu klein zu sein, um mit Sicherheit von einer unterschiedlichen Altersverteilung zu sprechen. Die jeweils 500 Konsumenten beider Getränke können somit als etwa gleich alt angenommen werden.

3. Für das Traditionsgetränk beträgt das Durchschnittsalter der Konsumenten 25 Jahre. Für die Junge Brause beträgt es 22 Jahre. Kann man hier schon mit Sicherheit sagen, dass das Durchschnittsalter aller Konsumenten sich unterscheidet? Oder kommt die Differenz zufällig zustande, da gerade heute nur jüngere Konsumenten der Jungen Brause bei der Befragung anwesend sind? Sind die Konsumenten des Traditionsgetränks nun älter oder nicht? Um diese Frage zu klären, reicht die Intuition nicht mehr aus. Es ist eine mathematische Kennzahl notwendig, und zwar die statistische Signifikanz.

Zur Ermittlung der statistischen Signifikanz sind drei Komponenten erforderlich. Erstens finden die Mittelwerte Berücksichtigung, die bereits intuitiv einen Einblick in das Phänomen geben können. Zweitens spielt die Varianz eine Rolle. Diese gibt an, wie groß die Abweichung vom Mittelwert der interessierenden Variablen ist. Intuitiv macht auch diese Größe Sinn, da eine größere Streuung zusätzliche Unsicherheit in der Beurteilung des durchschnittlichen Alters schafft. Drittens ist die Größe der Stichproben von Bedeutung. Soll von 50 anwesenden Probanden auf alle 500 Konsumenten geschlossen werden, so ist die Beurteilung des durchschnittlichen Alters mit einer Unsicherheit behaftet. Soll jedoch von beispielsweise 480 anwesenden Probanden auf alle 500 Konsumenten geschlossen werden, so ist die Unsicherheit deutlich geringer. Ein mathematischer Vergleich der Mittelwerte verschiedener Stichproben beinhaltet somit die Mittelwerte, die Varianzen und die Stichprobengrößen der Untersuchung. Die Sicherheit, mit der man eine Entscheidung treffen will, beträgt in der Statistik und im Bereich wissenschaftlicher Forschung meist 95% (Signifikanzniveau). Die übrigen 5% repräsentieren den Fehler erster Art und beschreiben einen Fall, in welchem die beiden Altersdurchschnitte in der Grundgesamtheit tatsächlich gleich sind, aber fälschlicherweise auf unterschiedliche Altersdurchschnitte geschlossen wird.

2.2.2 Fehler erster Art

Anders ausgedrückt besagt die Nullhypothese hinter einem Test auf Gleichheit der Mittelwerte, dass kein Unterschied zwischen beiden Mittelwerten besteht. Ein Fehler erster Art tritt auf, wenn eine korrekte Nullhypothese fälschlicherweise abgelehnt wird. Dies bedeutet im obigen Beispiel zu dem Schluss zu kommen, dass der Altersdurchschnitt der Konsumenten beider Produkte unterschiedlich ist, obwohl dies gar nicht der Fall ist. Ein Fehler zweiter Art bedeutet dagegen, eine falsche Nullhypothese fälschlicherweise beizubehalten. Einen Fehler zweiter Art zu begehen hieße also im obigen Beispiel, zu dem Schluss zu kommen, dass der Altersdurchschnitt der Konsumenten beider Produkte gleich ist, obwohl dies gar nicht der Fall ist.

Tabelle 2.1   Fehler 1. Art und Fehler 2. Art im Überblick

	Wahrer Sachverhalt: H_0	Wahrer Sachverhalt: H_1
durch einen statistischen Test fällt eine Entscheidung für: H_0	richtige Entscheidung Wahrscheinlichkeit: $1-\alpha$ (Spezifität)	Fehler 2. Art Wahrscheinlichkeit: β
durch einen statistischen Test fällt eine Entscheidung für: H_1	Fehler 1. Art Wahrscheinlichkeit: α	richtige Entscheidung Wahrscheinlichkeit: $1-\beta$ (Power, Teststärke, Sensitivität)

Da der Fehler erster Art in der Wissenschaft als „schlimmer" angesehen wird als ein Fehler zweiter Art, richtet sich die angestrebte Sicherheit bei einer statistischen Schätzung meist nach dem Fehler erster Art. Diese wird als Spezifität bezeichnet. **Tabelle 2.1** gibt einen Überblick auf die beiden Fehler im Rahmen statistischer Signifikanzschätzungen.

2.2.3 Konfidenzintervall

Das Konfidenzintervall ist die erste von drei Möglichkeiten, die Mittelwerte zweier Stichproben auf Unterschiedlichkeit zu untersuchen und stellt den ersten Schritt zum Verständnis der statistischen Signifikanz dar. Das Wort Konfidenzintervall beschreibt eine Art Vertrauensbereich, der um den Mittelwert gebildet werden soll. Es wird also berücksichtigt, dass von 50 anwesenden Probanden nicht mit Sicherheit auf alle Konsumenten des Produkts geschlossen werden kann. Sehr wohl kann jedoch geschätzt werden, dass das durchschnittliche Alter aller Konsumenten in etwa so hoch ist wie bei den 50 anwesenden Probanden bzw. nur plus/minus einen gewissen Betrag um den Wert in der Stichprobe schwankt. Diesen Bereich um den Wert aus der Stichprobe bildet das Konfidenzintervall ab. Es berechnet sich aus den oben genannten Werten und nutzt die Standardnormalverteilung, um eine Wahrscheinlichkeit für die Lage des Mittelwerts der Grundgesamtheit zu ermitteln. Auf diese Weise wird ein Intervall rund um den Mittelwert aus der Stichprobe gebildet, in welchem der tatsächliche Wert der Grundgesamtheit voraussichtlich liegt. In unserem Beispiel 3 hieße dies, dass rund um das durchschnittliche Alter von 25 ein Vertrauensbereich gezogen wird, in welchem der tatsächliche Wert der Grundgesamtheit mit 95-prozentiger Sicherheit liegt. Die folgende **Abbildung 2.1** verdeutlicht diesen Zusammenhang und zeigt zwei fiktive Konfidenzintervalle rund um die Mittelwerte von 22 und 25.

Abbildung 2.1 Beispielhaftes Konfidenzintervall 1

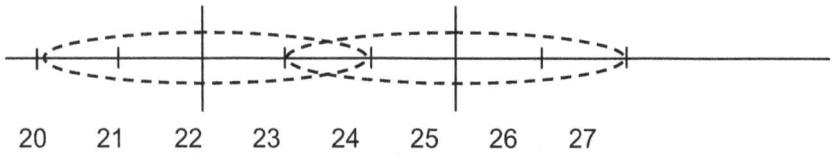

Da die Erläuterung des Konfidenzintervalls lediglich dem Verständnis der statistischen Signifikanz dienen soll, wird auf die Erklärung der Berechnung hier verzichtet. Vielmehr sollen die beiden Konfidenzintervalle zeigen, welche Aussagen in Bezug auf Mittelwertunterschiede getroffen werden können. Das Konfidenzintervall rund um den Mittelwert 22 zeigt, dass das wahre Durchschnittsalter aller Konsumenten der Jungen Brause mit 95-prozentiger Wahrscheinlichkeit zwischen 20 und 24 Jahren liegt. Das Konfidenzintervall rund um den Mittelwert 25 zeigt, dass das wahre Durchschnittsalter aller Konsumenten des Traditionsgetränks mit 95-prozentiger Wahrscheinlichkeit zwischen 23 und 27 Jahren liegt. Die Konsumenten beider Produkte könnten somit beispielsweise ein Durchschnittsalter von 23,5 haben. Da dies nicht mit 95-prozentiger Wahrscheinlichkeit ausgeschlossen werden kann – oder anders: da sich beide Konfidenzintervalle überschneiden – kann man *nicht* mit 95-prozentiger Sicherheit sagen, dass die beiden Mittelwerte sich signifikant voneinander unterscheiden.

Abbildung 2.2 zeigt hingegen eine Situation, in welcher beide Konfidenzintervalle sich nicht überschneiden. Hier kann mit 95-prozentiger Sicherheit festgestellt werden, dass das durchschnittliche Alter der Konsumenten beider Produkte auch in der Grundgesamtheit voneinander verschieden ist. Der Altersunterschied in den Stichproben ist somit nicht auf zufällige Effekte zurückzuführen. Oder anders gesagt: Konsumenten des Traditionsgetränks sind durchschnittlich signifikant älter als Konsumenten der Jungen Brause. Es sei an dieser Stelle darauf hingewiesen, dass die Konfidenzintervalle zweier Stichproben nicht gleich groß sein müssen. Die Größe der Konfidenzintervalle hängt vom Stichprobenumfang und der Varianz innerhalb der Stichprobe ab. Die Varianz bei den Konsumenten des Traditionsgetränks scheint gemäß **Abbildung 2.2** weniger groß zu sein als bei den Konsumenten der Jungen Brause. Das Konfidenzintervall ist daher kleiner. Mit 95-prozentiger Sicherheit kann hier davon ausgegangen werden, dass das Alter der Konsumenten des Traditionsgetränks zwischen 24 und 26 Jahren liegt, wohingegen das Alter der Konsumenten der Jungen Brause zwischen 20,5 und 23,5 liegt.

Abbildung 2.2   Beispielhaftes Konfidenzintervall 2

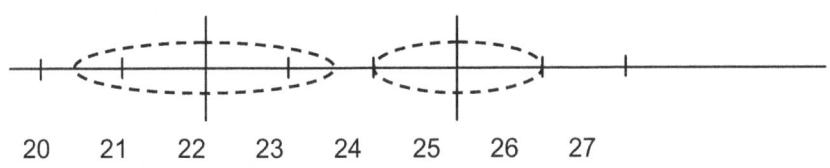

2.2.4   t-Test und p-Wert

Der t-Test umgeht die Komplexität der Berechnung eines Konfidenzintervalls. Stattdessen nutzt er die Verteilungsfunktion, um einen kritischen Grenzwert zu ermitteln, der nach Berechnung des sogenannten t-Wertes nicht überschritten werden darf. Die Frage, ob sich die Konfidenzintervalle überschneiden, wird somit durch die Berechnung eines einzigen Wertes beantwortet. Dieser t-Wert berechnet sich genau wie das Konfidenzintervall aus den drei Komponenten Mittelwert, Varianz und Stichprobenumfang mit Hilfe der folgenden Formel:

$$t = \frac{\bar{X}_1 - \bar{X}_2}{\sqrt{\frac{S_1^2}{N_1} + \frac{S_2^2}{N_2}}}$$

mit $\quad \bar{X}_1$ = Mittelwert in Stichprobe 1 $\quad \bar{X}_2$ = Mittelwert in Stichprobe 2

$\quad\quad\, S_1^2$ = Varianz in Stichprobe 1 $\quad\quad S_2^2$ = Varianz in Stichprobe 2

$\quad\quad\, N_1$ = Größe der Stichprobe 1 $\quad\quad N_2$ = Größe der Stichprobe 2

Als Vergleichswert dient der sogenannte kritische t-Wert. Dieser ist je nach Stichprobengröße unterschiedlich hoch und kann in entsprechenden Tabellen zur t-Statistik abgelesen werden. Sind die Stichproben ausreichend groß, so beträgt für das Signifikanzniveau von 95% der kritische t-Wert 1,96. Es ergeben sich somit zwei mögliche Fälle: Ist der berechnete t-Wert nach obiger Formel größer als dieser kritische Wert von 1,96, dann kann davon ausgegangen werden, dass die Mittelwerte auch in den Grundgesamtheiten voneinander verschieden sind. Ist der berechnete t-Wert kleiner als der kritische Wert von 1,96, so kann *nicht* von unterschiedlichen Mittelwerten ausgegangen werden. Um festzustellen, ob die Mittelwerte von 25 und 22 mit 95-prozentiger Sicherheit auch in der Grundgesamtheit voneinander verschieden sind, müssen also lediglich Mittelwerte (25 und 22), Stichprobengrößen (jeweils 50) und Varianzen (bisher nicht gegeben) aus beiden Kursen bekannt sein und ein t-Wert gemäß der Formel berechnet werden. Nimmt man an dieser Stelle beispielhaft Varianzen von 5,5 und 6,1 an, so ergibt sich nach obiger Formel der folgende t-Wert:

$$t = \frac{25 - 22}{\sqrt{\frac{5{,}5^2}{50} + \frac{6{,}1^2}{50}}} = \frac{3}{\sqrt{1{,}35}} = 2{,}58$$

Der berechnete t-Wert von 2,58 liegt über dem kritischen t-Wert von 1,96. Somit kann davon ausgegangen werden, dass das durchschnittliche Alter aller Konsumenten der beiden Produkte unterschiedlich hoch ist. Die Konsumenten des Traditionsgetränks sind also im Durchschnitt älter die der Jungen Brause. In der Stichprobe war dies ohnehin bereits der Fall, aber es war bisher unklar, ob dieser Unterschied zufällig zustande kam. Anhand des t-Wertes kann nun aber auch darauf geschlossen werden, dass der Unterschied für alle Konsumenten tatsächlich Gültigkeit hat. Und zwar zu einer Sicherheit bzw. einem Signifikanzniveau von 95 %.

Die meisten Statistikprogramme geben neben den t-Statistiken auch direkt das Signifikanzniveau an, bei dem sich zwei Mittelwerte signifikant voneinander unterscheiden. Dies erspart den Vergleich mit kritischen t-Werten. Stattdessen wird der Vergleich von berechnetem und kritischem t-Wert vom Programm (bspw. SPSS) vorgenommen. Als Ergebnis bleibt dann der sogenannte p-Wert (oder p-value), der angibt zu welchem Fehler erster Art der Mittelwert als unterschiedlich angenommen werden kann. Ein p-Wert von 0,05 oder geringer bedeutet demnach, dass die beiden Mittelwerte in den beiden Grundgesamtheiten zu einem Signifikanzniveau von mindestens 95 % unterschiedlich sind. Ein p-Wert 0,10 bedeutet, dass die beiden Mittelwerte nur bei einem Signifikanzniveau von 90 % (also mit 90-prozentiger Sicherheit) als unterschiedlich angenommen werden können.

In unserem Beispiel beträgt der p-Wert 0,01. Dies bedeutet, dass die Gefahr eines Fehlers erster Art nur 1% beträgt. Konkret heißt das, dass wir nur in einem von hundert Fällen fälschlicherweise zu dem Schluss kommen, dass die beiden Mittelwerte unterschiedlich sind. Legt man 95% als standardmäßig verwendetes Signifikanzniveau als Maßstab an, so können die beiden Mittelwerte also als unterschiedlich angenommen werden. Selbst zu einem Signifikanzniveau von 99 % hat diese Vermutung bestand. Noch einmal sei darauf hingewiesen, dass eine 100-prozentige Sicherheit nur dann erreicht werden kann, wenn alle Konsumenten, also die gesamte Grundgesamtheit befragt werden.

3 Konzeption und Durchführung von Experimenten

3.1 Konzeptionelle Grundlagen zu Experimenten

Empirische Sozialforschung hat das Ziel, Kausalzusammenhänge zu erkennen, damit Erklärungen für beobachtbare Phänomene zu finden und folglich über die bloße Sammlung und Ordnung von Daten hinauszugehen.[23] Das Experiment wird diesbezüglich als das favorisierte Design bei jeglicher Form der Analyse von kausalen Zusammenhängen angesehen: „Experiments are the best method for finding out whether one thing really causes another."[24]

Ein Experiment stellt jedoch keine spezifische Form der Datenerhebung oder des Messens sozialer Daten dar, sondern ist vielmehr als eine konkrete Untersuchungsanordnung zu verstehen.[25] Es ist eine wiederholbare, unter kontrollierten vorher festgelegten Umweltbedingungen durchgeführte Versuchsanordnung, die die Analyse der Wirkungen dieser Bedingungen gestattet und damit eine Möglichkeit zur empirischen Überprüfung von Hypothesen zu Ursache-Wirkungs-Zusammenhängen darstellt.[26] Ein wissenschaftliches Experiment liegt also dann vor, wenn eine oder mehrere unabhängige Variablen planmäßig variiert (Kontrolle der unabhängigen Variablen bzw. Bedingungen) und deren Wirkung auf eine oder mehrere abhängige Variablen (Wirkung) bestimmt werden. Als Variablen werden sämtliche Größen und Sachverhalte bezeichnet, die sich im Verlaufe eines Experiments verändern können. Die Forderung nach kontrollierten Umweltbedingungen bedeutet zum einen, die bewusste und gewollte Veränderung der Bedingungen, die als Ursache einer Wirkung vermutet werden. Zum anderen müssen Variablen, von denen ein ergänzender Effekt auf die Wirkung vermutet wird (Kontrolle von Störvariablen), konstant gehalten werden.[27] Die Prüfung der vermuteten Gesetzmäßigkeit erfolgt demnach unter sonst gleichen Bedingungen (Ceteris-paribus-Klausel).[28] Es besteht Einigkeit darüber, dass die aktive Manipulation von Bedingungen durch den Experimentator und damit die Möglichkeit, Ursache und Wirkung zu unterscheiden, als das Wesentliche in einem Experiment anzusehen ist.[29]

Im Gegensatz zur nicht-experimentellen Versuchsanordnung, wird für die Zuordnung einer Ursache zu einer bestimmten Wirkung die Existenz eines Vergleichsmaßstabs, beispielsweise in Form einer Kontrollgruppe, notwendig.[30] Während die Experimentalgruppe einem Stimulus bzw. Treatment als Bedingung ausgesetzt wird, bleibt die äquivalente

---

[23] Vgl. Stelzl (1995), S. 108.
[24] Aronson/Ellsworth/Carlsmith/Gonzales (1990), S. 9; vgl. auch Kromrey (2006), S. 96.
[25] Vgl. Atteslander (2003), S. 196; Koch (2001), S. 94.
[26] Vgl. Meffert (1992), S. 207; Kinnear/Taylor (1983), S. 361; Koch (1997), S. 91.
[27] Vgl. Aaker/Kumar/Day (2001), S. 331; Stier (1999), S. 211; Koschate (2002), S. 116.
[28] Vgl. Heller (2012), S. 171.
[29] Vgl. Stelzl (1995), S. 108.
[30] Vgl. Brosius/Koschel (2001), S. 205.

Kontrollgruppe von diesem unberührt. Es erfolgt eine a-priori und ex-post Messung in beiden Gruppen, sodass bei vollständiger Kontrolle der Störvariablen nur das Treatment für den Unterschied in den Gruppenergebnissen verantwortlich gemacht werden kann.[31] Der Forscher greift bei der Durchführung eines Experiments also aktiv und gezielt in die Untersuchung ein.[32]

Ein wesentliches Merkmal um verschiedene Arten von Experimenten zu unterscheiden sind die Manipulations- und Neutralisierungsmöglichkeiten, die sich u.a. vom Untersuchungsumfeld ableiten lassen. Hierbei sind die beiden klassischen Formen von Labor- und Feldexperiment zu unterscheiden.[33] Besteht die Absicht des Forschers in der vollständigen Kontrolle der Versuchssituation, sind Laborexperimente am besten geeignet. Durch die kontrollierte Experimentiersituation wird eine optimale Zurechenbarkeit von Ursache und Wirkung und damit eine hohe interne Validität erreicht.[34] In der Marketing- und Konsumentenverhaltensforschung erfreut sich diese Methode daher auch großer Beliebtheit. Allerdings ist aufgrund der künstlichen Untersuchungssituation von einer geringen Generalisierbarkeit der Ergebnisse und damit einer geringen externen Validität auszugehen. Dieser Schwäche begegnen Feldexperimente, indem der zu untersuchende Gegenstand nicht aus seiner natürlichen Umgebung herausgelöst wird. Vorteil dieser Vorgehensweise ist die Realitätsnähe und die damit gegebene höhere Generalisierbarkeit der Ergebnisse. Der entscheidende Nachteil der Feldexperimente liegt in der mangelnden Zurechenbarkeit von Ursache und Wirkung aufgrund der nicht kontrollierbaren Einflussvariablen. Das Feldexperiment zeichnet sich damit durch eine hohe externe und geringe interne Validität aus.[35] Eine zusammenfassende Bewertung der beiden Untersuchungssituationen zeigt **Tabelle 3.1**.

Tabelle 3.1   Vergleich von Laborexperimenten und Feldexperimenten

	Laborexperiment	**Feldexperiment**
Zeitaufwand	Relativ gering	Relativ hoch
Kosten	Relativ gering	Relativ hoch
Durchführung	Generell leicht zu implementieren, gute Wiederholungsmöglichkeiten	Häufig Kooperation mit MaFo-Institut nötig, schlechte Wiederholungsmöglichkeiten
Interne Validität	Hoch, sofern gute Kontrolle der unabhängigen Variablen und anderen Einflussfaktoren möglich	Niedrig, da schlechte Kontrolle der unabhängigen Variablen und andere Faktoren gar nicht kontrolliert werden können
Externe Validität	Eher gering, da realitätsfern	Hoch, wenn realistische Experimentierbedingungen vorliegen

---

[31] Vgl. Erichson (1995), S. 646; Brosius/Koschel (2001), S. 205.
[32] Vgl. Huber (2005), S. 69.
[33] Vgl. Berekhoven/Eckert/Ellenrieder (2004), S. 159.
[34] Vgl. Kromrey (2006), S. 531; Brosius/Koschel (2001), S. 228.
[35] Vgl. Brosius/Koschel (2001), S. 229; Berekoven/Eckert/Ellenrieder (2009), S. 159.

Web-Experimente stellen eine Erweiterung des Laborexperiments dar und vereinigen in sich die Vorteile des Experiments mit denen des Internets. Dabei wird zur Herstellung einer laborähnlichen Situation das Untersuchungsmaterial auf den Computer der Versuchsperson transferiert.[36] Gegenüber dem klassischen Laborexperiment besitzen Web-Experimente zahlreiche Vorteile. So kann ohne höheren Aufwand eine größere Zahl von Testpersonen berücksichtigt werden. Darüber hinaus können die Probanden selbst den passenden Zeitpunkt für die Durchführung bestimmen.[37]

Für die Konzeption eines Experiments sind deren zentrale Elemente zu wählen und zu definieren. Als wesentliche Elemente eines Experiments gelten die unabhängigen Variablen (Treatment), die auf ihren Einfluss untersucht werden, die abhängigen Variablen, an denen der Einfluss der unabhängigen Variablen überprüft wird, und die Störvariablen, die neben den unabhängigen Variablen einen Einfluss auf die abhängigen Variablen haben und daher die „reine" Beziehung zwischen den unabhängigen und abhängigen Variablen „stören".[38] Aus der Berücksichtigung dieser Sachverhalte resultiert der experimentelle Versuchsplan, der wesentlichen Einfluss auf die erforderliche Stichprobengröße hat.

3.2 Experimentelle Versuchspläne und Stichprobengröße

Versuchspläne sind als der logische Aufbau einer empirischen Untersuchung im Hinblick auf die Überprüfung von Hypothesen anzusehen. Unter einem Versuchsplan (Design) versteht man nach Sarris (1992) „ein standardisiertes, routinemäßig anwendbares Schema (Strukturschema), das dem Aufbau, der Kontrolle und der methodologischen Bewertung einer empirischen Untersuchung von unabhängigen (UV) und abhängigen (AV) Variablen sachlogisch zugrunde liegt".[39] Hinsichtlich der Strenge mit der Kausalhypothesen untersucht werden, lassen sich Versuchspläne in vier Designklassen unterteilen:

- Experimentelle Designs
- Vorexperimentelle Designs
- Quasi-experimentelle Designs
- Ex-post facto-/korrelative Designs

Die strikteste Überprüfung von Kausalhypothesen ermöglichen experimentelle Designs. Vorexperimentelle Designs haben im Gegensatz dazu nur einen explorativen Charakter, da sie in ein oder mehreren Aspekten nicht den präzisen Anforderungen, die an ein Experiment gestellt werden, genügen.[40] Quasiexperimentelle Designs stellen Versuchsanord-

---

[36] Vgl. Reips (2003), S. 76.
[37] Vgl. Huber (2005), S. 78.
[38] Vgl. Brosius/Koschel (2001), S. 208; Koschate (2002), S. 116.
[39] Sarris/Reiß (2005), S. 211; Sarris (1992), S. 4.
[40] Vgl. Koschate (2002), S. 126; Sarris/Reiß (2005), S. 60.

nungen dar, bei denen die Wirkung von Störvariablen nicht vollständig ausgeschaltet werden kann, sodass sie nicht die kausaltheoretische Bedeutung experimenteller Designs erzielen können.[41] Ex-post facto Versuchsanordnungen dienen der Ableitung von hypothetischen Kausalzusammenhängen aus nicht-manipulierten unabhängigen Variablen. Mit korrelativen Versuchsanordnungen kann lediglich der korrelative Zusammenhang zwischen zwei oder mehreren Variablen nachgewiesen werden.[42]

Bei klassischen Experimenten erfolgt der Rückgriff auf ein faktorielles Design, d. h. Untersuchungsgegenstand ist die simultane Untersuchung der Effekte von verschiedenen Ausprägungen der unabhängigen Variablen (Faktorstufen) auf die abhängige Variable.[43] Dabei werden Experimentalgruppen basierend auf den Faktorstufen gebildet. Experimentelle Versuchspläne lassen sich in vier Gruppen aufteilen, die Ähnlichkeiten zu den Kontrolltechniken der Störvariablen aufweisen:

- Versuchspläne mit Randomisierung (Zufallsgruppenbildung)
- Versuchspläne mit Wiederholungsmessung
- Versuchspläne mit Blockbildung (parallelisierte Gruppen)
- Mischversuchspläne[44]

Versuchspläne mit Randomisierung (Zufallsgruppenbildung) verteilen die Gesamtgruppe der Probanden zufallsmäßig auf zwei (Zweistichprobenversuchspläne) oder mehr als zwei Untergruppen (Mehrstichprobenversuchspläne).[45] In diesem Zusammenhang wird auch von Between-Subjects-Designs gesprochen, da Unterschiede bezüglich der abhängigen Variable Abweichungen zwischen Gruppen von Probanden repräsentieren. Dieser Unterschied wird mit Hilfe eines Mittelwertvergleichs aus zwei oder mehr Experimentalgruppen analysiert.[46] Grundbedingung dieser Art von Studiendesign ist, dass jede Versuchsperson ausschließlich eine experimentelle Bedingung bzw. eine Stufe der unabhängigen Variablen durchläuft.[47] Der Versuchsplan kann auch als „Completely-randomized-factorial Design (CRF)" bezeichnet werden, wenn eine zufällige Zuordnung der Probanden zu den verschiedenen experimentellen Bedingungen bzw. Faktorstufen der unabhängigen Variablen stattfindet.[48] Between-Subjects-Designs finden vor allem dann Verwendung, wenn das Reaktionsverhalten von Versuchsteilnehmern auf einen bestimmten Stimulus bzw. ein Ereignis untersucht werden soll.[49] So könnte interessieren, ob der Werbestil die Einstellung gegenüber dem beworbenen Produkt beeinflusst. In diesem Fall kreiert der Forscher zwei oder mehr Werbeanzeigen, die durch einen unterschiedlichen Werbestil gekennzeichnet

---

[41] Vgl. Sarris/Reiß (2005), S. 74.
[42] Vgl. Sarris/Reiß (2005), S. 77 ff.
[43] Vgl. Erichson (1995), S. 650 ff.
[44] Vgl. Sarris/Reiß (2005), S. 66 ff.
[45] Vgl. Scheffler (2000), S. 64.
[46] Vgl. Reips (2003), S. 74.
[47] Vgl. Koschate (2002),
[48] Vgl. Brown/Collins/Schmidt (1990), S. 4.
[49] Vgl. Sarris/Reiß (2005), S. 66.

sind, und legt immer nur eine davon zufällig einem Probanden vor. Die andere Werbeanzeige sieht dieser Proband nicht.

Versuchspläne mit Wiederholungsmessung sehen vor, dass eine einzige Versuchspersonengruppe sämtliche Faktorstufen aller unabhängigen Variablen durchlaufen muss. Diese Art von Design wird auch als Within-Subjects-Design bezeichnet.[50] Damit kann der Zufallsfehler, der sich aufgrund individueller Unterschiede zwischen den Versuchsteilnehmern in den Experimentalgruppen ergibt, eliminiert werden. Allerdings besteht die Gefahr des sogenannten Carry-Over-Effektes. Dieser liegt vor, wenn bereits absolvierte experimentelle Bedingungen das Verhalten der Versuchspersonen in nachfolgenden experimentellen Bedingungen beeinflussen.[51] Bei der Anwendung eines Within-Subjects-Designs könnte den Forscher bspw. interessieren, ob der Effekt der Werbeanzeige auf die Einstellung gegenüber dem beworbenen Produkt mit zunehmender Anzahl von Kontakten mit dem Werbemittel variiert. Mit einem fest definierten Abstand von x Tagen würde allen Probanden das Werbemittel immer wieder präsentiert und die abhängige Variable (Einstellung gegenüber dem Produkt) gemessen. So liegen nach Durchführung des Experiments Werte für jeden Probanden zu jedem Messpunkt vor. Auf diese Weise kann die Frage nach dem Effekt der Anzahl von Kontakten auf die Produkteinstellung beantwortet werden.

Mischversuchspläne stellen eine mehrfaktorielle Kombination aus Versuchsplänen der Wiederholungsmessung, der Randomisierung oder anderen Designs dar. Bei einer Kombination von Wiederholungsmessung und Randomisierung müssen beispielsweise Versuchspersonen bei bestimmten unabhängigen Variablen sämtliche Faktorstufen durchlaufen, bei anderen unabhängigen Variablen jedoch nur eine Experimentalbedingung.[52] Ein solcher Versuchsplan liegt in der Praxis vor, wenn im zuvor skizzierten Experiment zum Effekt der Kontakthäufigkeit der Einfluss von Persönlichkeitsvariablen interessiert. Da diese nicht aktiv manipuliert werden können, allerdings häufig durch Umwandlung von intervall-skalierten Indikatoren zur Abfrage der Persönlichkeit in Faktorstufen Berücksichtigung finden, ist jeder Proband bei diesem dritten Faktor lediglich Mitglied einer Gruppe.

Sowohl bei der Randomisierung als auch bei der Wiederholungsmessung ist zwischen Zwei- und Mehrstichprobendesign zu unterscheiden. Bei Zweistichprobendesigns mit Vorher-Messung wird der Wert der abhängigen Variable vor und nach der Realisierung der jeweiligen Stufe der unabhängigen Variable ermittelt.[53] Im Gegensatz dazu können Mehrstichprobenversuchspläne auf zwei Arten differenziert werden. Zum einen nach dem

- unifaktoriellen Design, bei dem eine unabhängige Variable (Faktor) auf drei oder mehr experimentellen Faktorstufen variiert wird, zum anderen nach dem

- mehrfaktoriellen Design, bei dem zwei oder mehr unabhängige Faktoren mit jeweils zwei oder mehr als zwei experimentelle Stufen variiert werden.

---

[50] Vgl. Reips (2003), S. 74.
[51] Vgl. Koschate (2002), S. 134.
[52] Vgl. Koschate (2002), S. 135.
[53] Vgl. Sarris/Reiß (2005), S. 66.

Der einfachste Fall ist ein 2x2 Design, d. h. ein Design mit zwei Faktoren, die jeweils zwei Abstufungen besitzen.[54] Das mehrfaktorielle Design hat den Vorteil, dass neben den Haupteffekten der unabhängigen Variablen auch die Interaktionseffekte (Wechselwirkungen) der unabhängigen Variablen in Bezug auf ihren Effekt auf die abhängige Variable eine Überprüfung erfahren können. Ist die Wirkung einer unabhängigen Variablen und deren Faktorstufen nicht-additiv und somit nicht unabhängig von anderen unabhängigen Variablen, spricht man von einem Interaktionseffekt.[55] Ein additives Zusammenwirken wird dabei als Normalfall bezeichnet.[56] *Bortz und Döring (2002)* unterscheiden drei Arten der Interaktion (siehe auch **Abbildung 3.1**):

- *Ordinale Interaktion:* Hier sind die Haupteffekte uneingeschränkt interpretierbar. Dies ist der Fall, wenn eine Faktorstufe der anderen Faktorstufe unter allen möglichen Stufen des zweiten Faktors in der Ausprägung mindestens ebenbürtig oder überlegen ist. Die Graphen der Werte beider unabhängiger Variablen verlaufen dann nicht parallel, weisen aber einen gleichsinnigen Trend auf.

- *Hybride Interaktion:* Bei einer hybriden Interaktion ist lediglich einer der beiden Haupteffekte global interpretierbar. Der Effekt verhält sich unter den Faktorstufen der einen unabhängigen Variable gleichsinnig, unter denen der anderen unabhängigen Variable aber unterschiedlich. Im Gegensatz dazu liegen die Interaktionseffekte bei ordinalen und disordinalen Effekten über die Faktorstufen beider Variablen in ähnlicher Form vor.

- *Disordinale Interaktion:* Bei dieser Interaktionsform ist keiner der beiden Haupteffekte uneingeschränkt interpretierbar. Disordinale Interaktion liegt vor, wenn die Unterschiede der Stufen zweier unterschiedlicher unabhängiger Variablen in unterschiedlicher Richtung ausfallen. Die Graphen der Werte der beiden unabhängigen Variablen verlaufen in beiden Interaktionsdiagrammen nicht gleichsinnig.

---

[54] Vgl. Koschate (2002), S. 130.
[55] Vgl. Bortz/Döring (2002), S. 533; Sarris/Reiß (2005), S. 71.
[56] Vgl. Bortz/Döring (2002), S. 533; Sarris/Reiß (2005), S. 71.

Abbildung 3.1 Typische Beispiele für Interaktionen von zwei Faktoren mit jeweils zwei Faktorstufen:
(a) ordinale Wechselwirkung, (b) hybride Wechselwirkung und
(c) disordinale Wechselwirkung

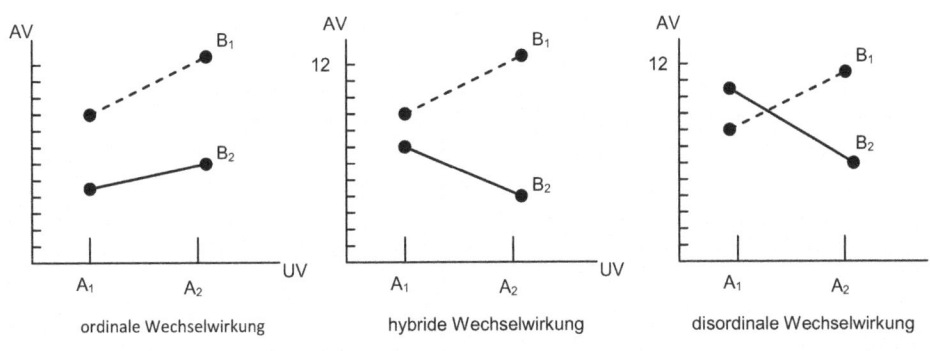

Quelle: In Anlehnung an Sarris/Reiß (2005), S. 71.

Bei der Existenz eines Interaktionseffektes ist folglich davon auszugehen, dass der kausale Ursache-Wirkungs-Zusammenhang einer unabhängigen Variable und einer abhängigen Variable von mindestens einer weiteren unabhängigen Variable beeinflusst wird.[57] Für die Marketingforschung ist die Analyse von Interaktionseffekten von großer Bedeutung, weil dadurch die Umwelt, in der Konsumenten und Unternehmen agieren, wesentlichen realistischer abgebildet werden kann.

Bei der Entwicklung experimenteller Designs sind bereits vor der Datenerhebung Überlegungen zum notwendigen Stichprobenumfang anzustellen. Die Anzahl der gewählten Faktoren sowie der Faktorstufen bedingt die Mindeststichprobengröße, die zur Auswertung des jeweiligen Designs erforderlich ist. Eine Anzahl von 20 Versuchspersonen pro Experimentalgruppe (n=20) ist als absolute Mindestanzahl für eine varianzanalytische Auswertung[58] anzusehen. Wünschenswert wäre aber ein Überschreiten einer Stichprobengröße von n=30 pro Experimentalgruppe. Für qualitative Untersuchungen kann gegebenenfalls auch mit kleineren Stichprobengrößen gearbeitet werden, da hier zwar auch die Aufdeckung von mit dem interessierenden Phänomen verbundenen Effekte im Vordergrund steht, allerdings nicht die quantitative Validierung dieser Effekte erreicht werden soll.

Bei der Wahl eines Designs mit 3 Faktoren und jeweils 2 Faktorstufen ergibt sich ein 2x2x2-Design mit insgesamt 8 verschiedenen Experimentalgruppen. Die Mindestgröße von 20 Probanden pro Experimentalgruppe als Maßstab zugrunde gelegt, führt zu einer Stichpro-

---

[57] Vgl. Sarris/Reiß (2005), S. 71.
[58] Vgl. Eschweiler/Evanschitzky/Woisetschläger (2007), S. 13

benmindestgröße von 160 Teilnehmern. Diese setzt allerdings auch voraus, dass exakt 20 Teilnehmer auf jede Experimentalgruppe entfallen, ein Zustand der bspw. im Rahmen von zufällig gesteuerten Online-Experimenten nur selten zu erreichen ist. Empfehlenswert sind aber stets größere Stichproben, die sich an der Zahl von 30 Personen pro Gruppe orientieren und für das angeführte Beispiel gleichbedeutend mit einer Stichprobengröße von n=240 Teilnehmern ist.

Ausgelassen werden können bei dieser Berechnung alle „within"-Faktorstufen eines Experiments. Da diese jeder Proband durchläuft und somit nicht die erforderliche Mindeststichprobengröße erhöht. Eine gezielte Veränderung des Designs hin zu „within"-Faktorstufen mit dem Zweck einer geringeren Mindeststichprobengröße sollte jedoch vermieden werden. Nur wenn der direkte Vergleich der Faktorstufen innerhalb des Experiments, also die Antworten eines Probanden zu verschiedenen Ausprägungen eines Faktors, von Interesse sind, kommt die Einbeziehung solcher „within"-Faktorstufen in Frage.

Tabelle 3.2   Mindeststichprobengrößen experimenteller Designs ohne Moderator

Anzahl der manipulierten Faktoren	Anzahl der „between"-Faktorstufen	Untersuchtes experimentelles Design	Mindestgröße der empirischen Stichprobe
2	2	2x2	80 (120)
2	3/2	3x2	120 (180)
3	2	2x2x2	160 (240)
2	4	4x2	160 (240)
2	3	3x3	180 (270)
3	3/2/2	3x2x2	240 (360)
4	2	2x2x2x2	320 (480)

Tabelle 3.2 gibt einen Überblick über verschiedene idealtypische Designs von Experimenten mit „between"-Faktorstufen und den dazu notwendigen Stichprobengrößen. Die Werte in Klammern geben das Idealziel von 30 Teilnehmern pro Experimentalgruppe wieder.

Wird neben der gezielten Manipulation von Faktoren die Erfassung zusätzlicher moderierender Größen als Median-Split in Betracht gezogen,[59] so sollte die somit erforderliche Teilung des Datensatzes bei Berechnung der notwendigen Stichprobengröße Berücksichtigung finden. Die Verteilung auf die Experimentalgruppen kann hier jedoch nicht gezielt gesteuert werden. Vielmehr ist erst im Nachhinein eine Feststellung möglich, wie die nach Median-Split getrennten Zustände auf die einzelnen Experimentalgruppen verteilt sind. Soll ein moderierender Effekt, z. B. einer Persönlichkeitseigenschaft, vollumfänglich hin-

---

[59] Vgl. *Kapitel 4.2.4*.

sichtlich eines manipulierten Designs überprüft werden, ist zwangsläufig eine deutlich größere Stichprobe vonnöten. Um ein Größe von 20 Teilnehmern pro Experimentalgruppe zu gewährleisten, ist es erfahrungsgemäß ratsam, den notwendigen Stichprobenumfang zu verdreifachen. Da selbst dann eine gleichmäßige Verteilung der Zustände auf die Experimentalgruppen zufallsbedingt ist, wird für die Untersuchung eines moderierenden Effekts häufig eine separate Betrachtung der Interaktion mit den einzelnen manipulierten Einflussgrößen vorgenommen.

3.3 Vermeidung von Methodenfehlern

Um einen gelungenen Versuchsablauf zu gewährleisten, sind zudem weitere Fehlerarten auszuschließen. Hierbei spielen die sogenannten Methodenfehler eine gewichtige Rolle, unter denen der „Common Method Bias", den „Key Informant Bias" und die „sonstigen methodischen Fehler" subsumiert werden.[60]

Der Key Information Bias entsteht durch die Befragung von Personen, die generalisierbare Aussagen zu einem bestimmten Sachverhalt treffen können.[61] Dies kann bspw. auf einzelne besonders gut informierte Mitglieder einer Organisation oder besonders innovative Konsumenten (z. B. Lead User) zutreffen. Der Rückgriff auf solche Personengruppen bietet sich vor allem dann an, wenn objektive Daten (z. B. Verkaufsstatistiken) nicht verfügbar sind.[62] In Abhängigkeit der Stellung der Person ändert sich die Perspektive der Auskunftsperson mit dem Ergebnis und führt somit zu systematisch verzerrten Resultaten.[63] Die Probanden filtern aus ihrer eigenen Perspektive die Informationen, die sie an den Forscher weitergeben. Dies kann zu Einschränkungen der Validität der Ergebnisse bzw. zum sogenannten Informant Bias führen. Ein Key Informant Bias ist also ein systematischer Fehler, der durch die Unterschiede zwischen der subjektiven Wahrnehmung und dem objektiv vorliegenden Wert eines zu messenden Phänomens entsteht. Als wesentliche Ursachen für einen Key Informant Bias gelten Informations- und Bewertungsunterschiede in Abhängigkeit von Funktionen, Rollen oder der Hierarchiestufe von Probanden. Eindeutig ist jedoch auch, dass gleichzeitig die Datenqualität durch Befragung dieser Personen steigen und dies wiederum den Nachteil des potentiellen Messfehlers übersteigen kann.[64] Sonstige methodische Fehler umfassen hingegen u. a. die bereits erwähnte nicht-repräsentativ gewählte Stichprobe.

Das umfassendste zu systematischen Messfehlern führende Phänomen ist der sogenannte Common Method Bias (CMB). *Podsakoff* und *Kollegen* beschreiben den CMB als eine Verzerrung der Korrelation zwischen exogener und endogener Variable, die auf die Methodik der Erhebung und nicht auf den tatsächlichen Zusammenhang zwischen diesen Variablen

---

[60] Vgl. Ernst (2003), S. 1252.
[61] Vgl. Ernst (2003), S. 1250.
[62] Vgl. Ailawadi et al. (2004), S. 95 f
[63] Vgl. Kumar et al. (1993), S. 1636.
[64] Vgl. Greve (2006), S. 109

zurückzuführen ist.[65] *Bagozzi* und Kollegen konstatieren dazu: „A hypothesis might be rejected or accepted because of excessive error in measurement, not necessarily because of inadequacy or adequacy of theory". Die Verzerrung der Messergebnisse kommt dadurch zustande, dass die Befragten mit ihren Auskünften gleichzeitig Quelle für die exogene als auch die endogene Variable sind und die Gewinnung der Daten im selben Erhebungs- und Itemkontext sowie mit ähnlichen Itemcharakteristiken erfolgt. Geben die Probanden Auskunft sowohl in Bezug auf exogene und endogene Variablen, besteht die Möglichkeit, dass die Befragten aus dem Fragebogen Schlussfolgerungen auf die zugrundeliegenden Hypothesen ziehen und ihr Antwortverhalten entsprechend anpassen. Obwohl einige Forscher die Debatte über den Common Method Bias für übertrieben halten und dementsprechend versuchen, die Problematik kleinzureden, sehen andere Autoren das Phänomen als einen wesentlichen Grund, die Erkenntnisse empirischer Studien als kritisch einzustufen. Folglich wird häufig die Überprüfung auf Vorliegen eines CMB gefordert.

Für das Entstehen eines Common Method Bias können vier unterschiedliche Quellen identifiziert werden:[66] „Single Source Bias", „Charakteristika der Items", „Item-Kontext" und „Erhebungs-Kontext". Die nachstehende **Abbildung 3.2** zeigt die möglichen Quellen eines CMB im Überblick:

Abbildung 3.2 Mögliche Quellen eines Common Method Bias

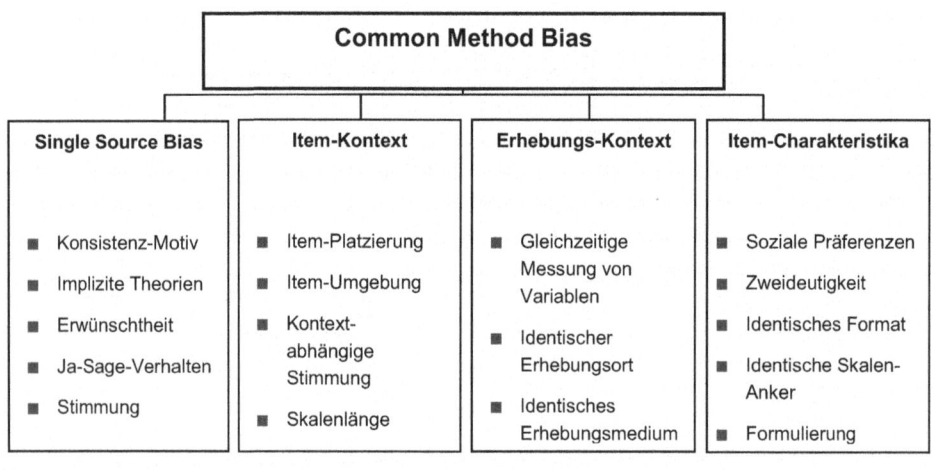

Quelle: Podsakoff et al. (2003).

---

[65] Vgl. Podsakoff et al. (2003), S. 879 ff.
[66] Einige konkrete Quellen wurden bereits bei der Behandlung von Störvariablen genannt.

Der Single Source Bias entsteht durch die Erhebung von unabhängiger und abhängiger Variable mittels einer einzigen Datenquelle.[67] Ein solches Vorgehen fördert die Gefahr verzerrter Korrelationen bspw. aufgrund des Konsistenz-Motivs oder des Selbstdarstellungs-Motivs von Teilnehmern. Letztlich reduziert dieses Phänomen die Konstruktvalidität.[68] Im Rahmen des klassischen Experiments ist dies ein eher kleines Problem, da die Wirkung von manipulierten Einflussfaktoren und damit einer objektiven Messung auf eine subjektiv bewertete abhängige Variable analysiert wird. Problematisch kann das Phänomen aber im Falle von a-posteriori gebildeten Faktoren sein, wie z. B. Persönlichkeitscharakteristika, die mittels einer Selbsteinschätzung abgefragt wurden und als moderierende Größen in die Analyse eingehen.

Darüber hinaus ist die Beschaffenheit der verwendeten Indikatoren zur Messung der Variablen eine Quelle von CMB. So können mehrdeutige Formulierungen oder sozial erwünschtes Antwortverhalten zu einem systematischen, durch die Methode verursachten Messfehler führen. Der Item-Kontext, also das Umfeld in dem einzelne Items im Fragebogen präsentiert werden, hat ebenfalls einen direkten Einfluss auf eine systematische Verzerrung. So kann es für das Antwortverhalten der Probanden entscheidend sein, wo eine Frage im Fragebogen platziert ist und mit welchen anderen Fragen diese gruppiert und dargeboten ist. Auch der Kontext, in dem die gesamte Erhebung erfolgt, ist von großer Bedeutung für die Entstehung eines Methodenfehlers. Hier sind der Zeitpunkt und der Ort der Erhebung zu nennen, die sich auf die Antworten der Befragten auswirken können. Auch das verwendete Medium oder die Art des Experiments bzw. Wissen um das Experiment kann eine Verzerrung forcieren.[69]

Im Umgang mit dem Common Method Bias hat der Forscher zwei Optionen: Einerseits kann der vorbeugende Ausschluss der verzerrenden Quellen angestrebt werden. Andererseits kann der Forscher versuchen die Verzerrung im Nachhinein zu kontrollieren.[70] Die wichtigste Maßnahme zur ex ante Vermeidung von CMB geht mit der Eliminierung des Single Source Bias einher, so dass folglich stets mehrere Datenquellen bei der Erhebung kombiniert werden.[71] Im Rahmen eines Experiments könnten also die Faktoren manipuliert, die abhängige Variable vom Hauptbefragten beantwortet und die Persönlichkeitseigenschaft als Moderator von einer der eigentlichen Auskunftsperson nahestehenden Person eingeschätzt werden. Dabei besteht allerdings die Gefahr, dass die Angaben Dritter nicht sehr genau sind. Zudem unterliegen die Aussagen Dritter ebenfalls Verzerrungen,[72] so können bspw. Kontexteffekte auch hier eine große Rolle spielen. Problematisch ist zudem, dass ein solcher Ansatz letztlich auch zum Verlust von Anonymität bei der Erhebung führt, was sich wiederum auf das Antwortverhalten auswirkt.[73] Eine mögliche Alternative zur Nutzung verschiedener Quellen stellt die zeitliche oder psychologische Trennung der

---

[67] Vgl. Podsakoff/Organ (1986).
[68] Vgl. Ernst (2003), S. 1251.
[69] Vgl. Podsakoff et al. (2003), S. 881f.
[70] Vgl. Podsakoff et al. 2003; Podsakoff et al. (2012).
[71] Vgl. Bagozzi et al. (1991).
[72] Vgl. Spector (2006), S. 229.
[73] Vgl. Kumar et al. (1993), S. 1634.

Messung einzelner Variablen dar. Eine zeitliche Trennung der Erhebung hat den positiven Effekt zur Folge, dass der Auskunftsperson frühere Antworten, z. B. zu seiner Persönlichkeit, weniger oder auch gar nicht mehr präsent sind. Nachteilig ist allerdings die steigende Erhebungsdauer und der damit verbundene höhere Aufwand und damit verbunden gegebenenfalls höhere Kosten.[74] Die psychologische Trennung kann durch die Einbettung einzelner Fragebogenbestandteile durch Storytelling in scheinbar unterschiedliche Kontexte erfolgen. Darüber hinaus sollte der Forscher zur Reduktion einer Methodenverzerrung stets die Reihenfolge der Fragen randomisieren. Hierbei gilt es dann allerdings, darauf zu achten, dass der logische Aufbau der Befragung nicht verloren geht.[75]

Wenn die Maßnahmen zur Vermeidung von CMB nicht ausreichen oder aber die Erhebung bereits ohne entsprechende Vorkehrungen durchgeführt wurde – also ein bestehender Datensatz verwendet wird – kann der Methodenfehler möglicherweise mit statistischen Maßnahmen umgangen werden. Eine gängige Methode ist die Berücksichtigung des Einflusses der Quellen von CMB als Kovariate im Rahmen der Auswertung, um den Zusammenhang zwischen unabhängigen und abhängigen Variablen um diese Störung zu bereinigen.[76] Dieses Verfahren ist einfach in der Handhabung und wird dementsprechend häufig im Rahmen der Auswertung von Experimenten eingesetzt. Darüber hinaus sollten allerdings auch weitere Quellen des Common Method Bias gemessen werden (z. B. die Stimmung des Befragten).

3.4 Operationalisierung von Variablen

Die Überprüfung einer Hypothese an der Realität ist erst dann möglich, wenn die mit ihr verbunden Bedingungen und Konsequenzen operationalisierbar sind.[77] Im Rahmen experimenteller Untersuchungen erfolgt die Operationalisierung der unabhängigen Variablen über die experimentelle Manipulation dieser Variablen. Interessieren als weitere Faktoren Sachverhalte die nicht manipuliert werden können, z. B. Persönlichkeitseigenschaften, so werden diese anhand von Skalen erfasst und a posteriori in Gruppen eingeteilt. In jedem Fall ist die Festlegung der Anzahl und Größe der Faktorstufen, d. h. der Werte, die die unabhängige Variable annehmen kann, entscheidend.[78] Die Anzahl der Stufen auf denen die experimentellen Stimuli (unabhängige Variablen) variiert werden, ist vom Erkenntnisinteresse und der Komplexität des zu untersuchenden Konstrukts abhängig und beeinflusst die Anzahl der Testgruppen sowie das Ausmaß der benötigten Versuchspersonen.[79]

Ist aus der Literatur nicht eindeutig ersichtlich welche Faktorstufen zu wählen sind oder ist die Auswahl an möglichen Ausprägungsstufen zu groß, so kann eine Vorstudie zur

---

[74] Vgl. Podsakoff et al. (2003), S. 887.
[75] Vgl. Podsakoff et al. (2003), S. 887 ff.
[76] Vgl. Burke et al. (1993); Jex/Spector (1996).
[77] Vgl. Huber (2005), S. 61.
[78] Vgl. Koschate (2002), S. 121.
[79] Vgl. Brosius/Koschel (2001), S. 237.

Identifikation der zu manipulierenden Faktorstufen hilfreich sein. Eine Vorstudie ist vor allem dann von Bedeutung, wenn die Faktorstufen keine natürlichen Gegensatzpaare bilden, z. B. „Stimulus vorhanden" vs. „Stimulus nicht vorhanden". Bei Faktorstufen wie bspw. „gering" vs. „hoch" kann eine Vorstudie allerdings auch sinnvoll sein. Das ist insbesondere dann der Fall, wenn die Faktorausprägung induziert werden soll ohne dass dessen Ausprägung benannt wird. So ist bspw. bei der Manipulation der Markenreputation als unabhängige Variable zwar die reine Nennung von „gering" oder „hoch" denkbar, das damit verbundene Offensichtliche kann aber zu strategischem Antwortverhalten der Auskunftspersonen führen. Die Reputation könnte aber auch durch eine knappe Beschreibung der Historie des Unternehmens vermittelt werden, mit dem Ergebnis, dass eine Verzerrung mit größerer Wahrscheinlichkeit ausbleibt. Gewährleistet werden muss dann aber, dass die gewählte Beschreibung der Unternehmenshistorie den Befragten hinsichtlich der Reputation manipuliert und keine weiteren Wirkungen entfaltet bzw. Wahrnehmungen induziert. Alternativ kann diese Störung mittels der Berücksichtigung von Kovariaten bereinigt werden.

Mittels einer Vorstudie kann sichergestellt werden, dass das experimentelle Treatment (hier die Beschreibung der Unternehmenshistorie) in der geplanten Weise seine Wirkung (Wahrnehmung geringer oder hoher Reputation) entfaltet. Sieht das Design des Experiments mehr als zwei Faktorstufen vor, ist eine Vorstudie zur Identifikation der mittleren Stufe(n) ohnehin unbedingt zu empfehlen. Die Überprüfung der experimentellen Manipulation in der Hauptstudie erfolgt über Manipulationschecks. Dabei kann an die Konstruktvalidität von Manipulationen zwei Anforderungen gestellt werden:

- Zwischen der Manipulation und der direkten Messung der unabhängigen Variablen sollte ein Zusammenhang bestehen (konvergente Validität).

- Die Manipulation sollte keine Änderungen in den Messungen verwandter, aber von der unabhängigen Variablen verschiedener Konstrukte hervorrufen (diskriminante Validität).[80]

Die abhängigen Variablen repräsentieren die zu untersuchende Konsequenz der gewählten Faktoren. Sie stellen in den Sozialwissenschaften häufig sogenannte latente Konstrukte dar, die sich definitionsgemäß einer direkten Messung verschließen. Im Allgemeinen ist unter einer Operationalisierung die Erfassung einer latenten Größe durch beobachtbare Indikatoren zu verstehen. Dabei werden solchen latenten Begriffen beobachtbare Phänomene zugeordnet. Eine Operationalisierung standardisiert folglich einen Begriff durch die Angabe der Operationen, die zur Erfassung des durch den Begriff bezeichneten Sachverhaltes notwendig sind oder durch Angabe von messbaren Ereignissen, die das Vorliegen dieses Sachverhaltes anzeigen (Indikatoren). Das heißt, dass ein empirisch beobachtbarer Indikator für einen Begriff gefunden wird.[81] Eine Operationalisierung hat damit Hypothe-

---

[80] Vgl. Perdue/Summers (1986), S. 319 ff.
[81] Vgl. Huber (2005), S. 88; Bortz/Döring (2002), S. 66 f.

sen als Basis, Variablen als Elemente und die Messung als Ziel.[82]

Im Rahmen der Operationalisierung eines latenten Konstrukts gilt es demnach, eine Schar von geeigneten Indikatoren zu finden.[83] Bei der Suche nach und der Auswahl von Indikatoren sollte sich der Forscher nach Überzeugung von *Edwards* und *Bagozzi*[84] davon leiten lassen, ob die Größen inhärente Attribute des gedanklich und begrifflich umrissenen Phänomens darstellen. Kommt ein Item nicht in der Konstruktdefinition zum Ausdruck, ist es eher als Indikator eines anderen Konstrukts zu betrachten. Bezieht sich ein Indikator also auf die Ursache bzw. die Konsequenz eines Konstrukts, ist es als Maß eines antezedenten bzw. konsequenten Konstrukts aufzufassen. Für die Operationalisierung muss der Forscher also zunächst die Frage klären, ob es sich bei den vermeintlichen Indikatoren um inhärente Attribute des Konstrukts und damit um geeignete Indikatoren handelt. Bei der Untersuchung bereits von anderen Forschern berücksichtigter Konstrukte ist die Orientierung an deren Studien zur Operationalisierung zu empfehlen.

3.5   Kontrolle von Störvariablen

In den meisten Fällen wird die abhängige Variable nicht nur von den interessierenden Variablen, sondern auch von weiteren Einflussfaktoren, sogenannten Störvariablen, beeinflusst. Eine exakte Überprüfung einer Kausalhypothese wird durch Störeffekte zusätzlich erschwert bzw. vollständig unmöglich gemacht,[85] da diese sowohl die interne als auch externe Validität reduzieren können.[86] Für die interne Validität, die von besonders großer Bedeutung ist, sind folgende Einflüsse zu berücksichtigen:[87]

- *Auswahl:* Der Rekrutierungsweg der Versuchspersonen hat einen Einfluss auf die Ergebnisse des Experiments. Beispielsweise können Freiwillige und Nicht-Freiwillige (z. B. auf Anweisung teilnehmende) Versuchspersonen unterschiedliche Ergebnisse erzeugen.

- *Drop-Out:* Der Abbruch des Experiments durch bestimmte Versuchspersonen oder aber das Fernbleiben von Versuchspersonen bei wiederholten Messungen kann einen störenden Einfluss auf die interne Validität haben. Hierbei wird eine Systematik (z. B. alle Versuchsteilnehmer mit z. B. niedriger Motivation bleiben fern) angesprochen.

- *Instrumente:* Die Verwendung unterschiedlicher Fragebögen zu einer Variablen oder aber auch variierende Chat-Programme beim webbasierten Experimentieren können zu unterschiedlichen Ergebnissen führen.

---

[82] Vgl. Bronner/Appel/Wiemann (1999), S. 39.
[83] Vgl. Diamantopoulos/Winklhofer (2001), S. 271; Diamantopoulos/Siguaw (2002), S. 5 ff.
[84] Vgl. Edwards/Bagozzi (2000).
[85] Vgl. Baumgarth/Bernecker (1999), S. 85.
[86] Vgl. Campbell/Stanley (1963), S. 175 f.
[87] Vgl. Rack/Christophersen (2006), S. 28.

- *Reifung:* Die Erfahrung von Konsumenten in einem bestimmten Bereich kann einen Zusammenhang beeinflussen.

- *Testung:* Die Testung selbst kann einen Einfluss auf die Ergebnisse haben. So z. B. können Messwiederholungen (z. B. Intelligenztest) zu Leistungssteigerungen führen.

- *Versuchsleitereffekte:* Die variierenden Verhaltensweisen des Versuchsleiters (z. B. erzeugt durch unterschiedliche Freundlichkeit, fehlende Standardisierung) können zu Verzerrungen führen.

- *Zwischenzeitliches Geschehen:* Die von Konsumenten zuletzt aufgenommenen Informationen können das Ergebnis eines Experiments im Hinblick auf den untersuchten Zusammenhang beeinflussen. Beispielsweise können Testberichte oder negative PR die Wahrnehmung einer Marke beeinflussen.

Der Einfluss unerwünschter Störfaktoren kann mit einer Reihe von verschiedenen Techniken minimiert werden: „Causal inferences rest on soft grounds unless the experiment has been properly designed to control for other extraneous or spurious variables".[88] Grundsätzlich sollten dabei nur die Variablen als Störvariablen analysiert werden, die einen nachweisbaren Einfluss auf die abhängige Variable haben.[89] Die Techniken zur Kontrolle von Störvariablen lassen sich mit instrumentellen Kontrolltechniken, versuchsplanerischen Kontrolltechniken und statistischen Kontrolltechniken in drei Gruppen einteilen.[90] Die nachstehende **Abbildung 3.3** bietet eine Übersicht zu den Kontrolltechniken.

Abbildung 3.3   Techniken zur Kontrolle von Störvariablen

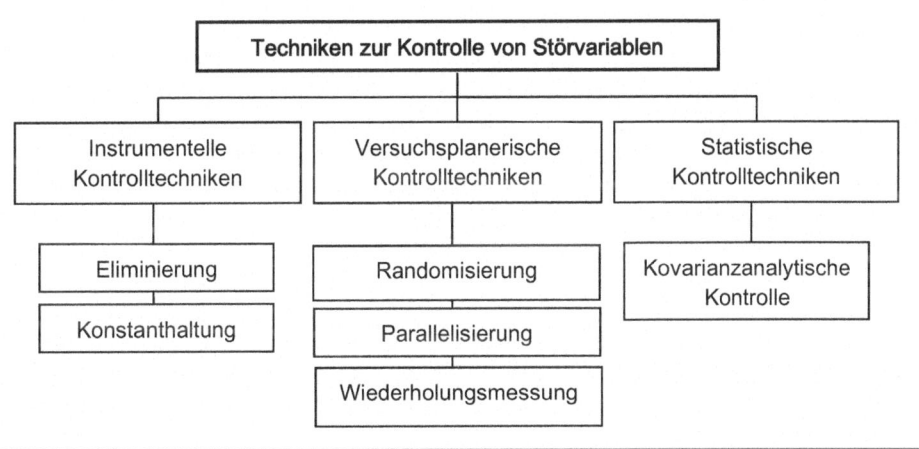

Quelle: Koschate (2002), S. 123.

---

[88] Vgl. Aronson/Ellsworth/Carlsmith/Gonzales (1990), S. 39.
[89] Vgl. Meffert (1992), S. 207.
[90] Vgl. Sarris (1992), S. 180 ff.

Instrumentelle Kontrolltechniken zielen auf die Kontrolle untersuchungsbedingter Störvariablen ab. Damit werden die äußeren Rahmenbedingungen eines Studiendesigns konstant gehalten. Ziel dieser Technik ist es, Unterschiede zwischen den Stichproben ausschließlich auf die Variation der unabhängigen Variable zurückführen zu können und gleichzeitig den Einfluss der Rahmenbedingungen auszuschalten.[91] Dafür stehen die Technik der Eliminierung und des Konstanthaltens zur Verfügung. Bei der Eliminierung als radikalste und zugleich wirksamste Methode werden Störvariablen tatsächlich ausgeschaltet. Beispielsweise lässt sich bei einer Untersuchung unter Schallschutz die Störvariable Straßenlärm eliminieren. Bei der Konstanthaltung als zweite instrumentelle Kontrolltechnik wird die Störvariable für die Dauer des Versuchs konstant gehalten.[92] Bei der Konstanthaltung ist gewährleistet, dass der Effekt unter verschiedenen Bedingungen gleich groß ist.[93] Über die Zufallseinteilung in verschiedene Experimentalgruppen wird gewährleistet, dass die Störvariable über alle Gruppen hinweg gleich wirkt.[94] Konstanthaltung einer Störvariablen bedeutet jedoch nicht, dass bei allen Versuchspersonen eine gleiche Wirkung von der Störvariablen ausgeht.

Versuchsplanerische Kontrolltechniken ermöglichen die Kontrolle von Störfaktoren, die sich nicht durch instrumentelle Kontrollverfahren ausschalten lassen. Dabei werden zumeist Störfaktoren kontrolliert, die mit den Eigenschaften der Probanden zusammenhängen.[95] Kernelement der beiden versuchsplanerischen Kontrolltechniken Randomisierung und Parallelisierung ist die Aufteilung der Versuchspersonen in zwei Gruppen (Test- und Kontrollgruppe). Der Randomisierung liegt die Idee zugrunde, dass zwei oder mehr hinreichend große Zufallsstichproben, die derselben Grundgesamtheit entstammen, einander weitgehend gleichen. Deshalb erfolgt eine Zuweisung der Probanden auf die einzelnen Experimentalbedingungen nach dem Zufallsprinzip. Damit können systematische Effekte der Störvariablen ausgeschlossen werden.[96] Im Gegenzug dazu erfolgt bei der Parallelisierung/Blockbildung (auch Matching genannt) eine Aufteilung der Untersuchungseinheiten auf Testgruppen, so dass Gleichheit hinsichtlich der Verteilung relevanter Merkmale, die mit dem untersuchten Reaktionsverhalten in Beziehung stehen, herrscht. Die Untersuchungsgruppen gleichen sich nach erfolgreicher Parallelisierung bis auf die unabhängige Variable in allen als relevant erachteten Störfaktoren. Mit Hilfe eines Pre-Tests werden die Versuchsteilnehmer hinsichtlich der Ausprägung einer als relevant erachteten Störvariablen in eine Rangreihe und anschließend in Blöcke von Versuchsteilnehmern mit jeweils benachbarten Rangplätzen gebracht. Nach dieser Aufteilung sind sich Probanden innerhalb eines Blocks im Hinblick auf die Störvariable ähnlicher als Personen unterschiedlicher Blöcke. Anschließend werden die Probanden eines Blocks zu den experimentellen Bedingungen dem Zufall nach zugeordnet.[97] Verglichen mit der Randomisierung weist die Parallelisierung den Nachteil auf, dass die Störvariable bekannt sein und bereits vor der

---

[91] Vgl. Sarris (1992), S. 182; Koschate (2002), S. 124.
[92] Vgl. Huber (2005), S. 110; Koschate (2002), S. 124.
[93] Vgl. Berekhoven/Eckert/Ellenrieder (2004), S. 157.
[94] Vgl. Huber (2005), S. 110; Koschate (2002), S. 124.
[95] Vgl. Koschate (2002), S. 124.
[96] Vgl. Berekhoven/Eckert/Ellenrieder (2004), S. 157; Koschate (2002), S. 124.
[97] Vgl. Koschate (2002), S.124.

eigentlichen Durchführung des Experiments gemessen werden muss.[98] Bei dem Verfahren der Wiederholungsmessung wird ein und derselbe Proband unter allen experimentellen Bedingungen untersucht (Within-Subject-Design). Ähnlich des Randomisierens müssen auch hier die relevanten Störvariablen nicht a priori bekannt sein. Nachteilig ist der durch wiederholte Messung auftretende (Lern- und Erwartungseffekt), der das Verhalten der Probanden beim zweiten Messvorgang beeinflussen könnte.[99]

Bei statistischen Kontrolltechniken wird erst nachträglich eine vorhandene Auswirkung von Störfaktoren im Rahmen der Datenauswertung erfasst. Dazu erfolgt eine parallele Messung der als Störfaktoren vermuteten Variablen im Rahmen des Experiments. Mit Hilfe der Kovarianzanalyse werden die Werte der abhängigen Variable anschließend von den Effekten der Störvariablen bereinigt.[100]

3.6 Kriterien zur Überprüfung der Güte von Experimenten

Für die Beurteilung der Qualität von Experimenten dienen Gütekriterien. Neben der Validität als zentrales Gütekriterium sind auch die Objektivität und die Reliabilität der Messung zu betrachten.[101]

Die Validität als zentrales Element zur Beurteilung der Güte von Experimenten gibt Auskunft darüber, ob ein Messinstrument tatsächlich das misst was gemessen werden soll.[102] Sie dient somit als Beurteilungsmaß für die konzeptionelle Richtigkeit eines Messinstruments.[103] In der empirischen Sozialforschung werden vier Arten der Validität unterschieden:

- Interne Validität

- Externe Validität

- Konstruktvalidität

- (Inferenzstatische Validität)[104]

Als notwendige Voraussetzung für eine kausale Interpretation der Effekte einer unabhängigen Variablen auf eine abhängige Variable gilt, dass keine besseren Alternativerklärungen für das Zustandekommen dieses Effekts angeführt werden können.[105] In diesem Zusammenhang sieht man die interne Validität dann als gesichert an, wenn die Variation der

---

[98] Vgl. Erichson (1995), S. 647 f.
[99] Vgl. Brosius/Koschel (2001), S. 241; Koschate (2002), S. 124.
[100] Vgl. Sarris (1992), S. 200; Koschate (2002), S. 125.
[101] Vgl. Berekhoven/Eckert/Ellenrieder (2004), S. 88.
[102] Vgl. Atteslander (2003), S. 255; Berekhoven/Eckert/Ellenrieder (2004), S. 90.
[103] Vgl. Herrmann/Homburg (2000), S. 24.
[104] Vgl. Sarris/Reiß (2005), S. 39; Cook/Campbell (1976), S. 235. Allerdings wird die inferenzstatische Validität in der Literatur nicht immer als relevantes Kriterium angesehen.
[105] Vgl. Cook/Campbell (1976), S. 235.

abhängigen Variable einzig und allein auf die Manipulation der unabhängigen Variable zurückgeführt werden kann. Die interne Validität wird somit direkt von der Beherrschbarkeit der Störvariablen beeinflusst.[106] Für die gesicherte Identifikation eines Ursache-Wirkungs-Zusammenhangs spielt somit die interne Validität eine entscheidende Rolle.[107] Die vollständige Kontrolle der experimentellen Situation kann als Ziel einer hohen internen Validität realisiert werden, gleichzeitig nimmt jedoch auch die Unnatürlichkeit der Untersuchungsbedingungen zu, die mit steigender Realitätsferne korrespondiert.[108]

Die externe Validität einer Untersuchung ist als gesichert anzusehen, wenn ihre Ergebnisse über die besonderen Bedingungen der Untersuchungssituation und über die untersuchten Personen hinausgehend verallgemeinerbar sind.[109] Mit Hilfe der externen Validität lassen sich somit Aussagen treffen, inwieweit die Ergebnisse eines Experiments auch außerhalb der Untersuchungssituation (z. B. des Labors) auftreten.[110] An dieser Stelle wird das Spannungsverhältnis zwischen interner und externer Validität deutlich. Das Verfolgen des Ziels einer höchstmöglichen internen Validität führt zwangsläufig dazu, dass die Versuchsbedingungen immer künstlicher und damit auch realitätsferner werden. Eine hohe interne Validität geht somit fast automatisch zu Lasten der externen Validität.[111] *Campbell* und *Stanley* betonen bezüglich des Verhältnisses zwischen interner und externer Validität die Wichtigkeit beider Kriterien, räumen jedoch der internen Validität von Experimenten Priorität ein: „While internal validity is the sine qua non, and while the question of external validity, like the question of inductive inference, is never completely answerable, the selection of designs strong in both types of validity is obviously our ideal."[112] Aufgrund der Tatsache, dass die interne Validität eine notwendige aber nicht hinreichende Bedingung für die externe Validität darstellt, ist auf die interne Validität im Studiendesign stark zu achten. Trotzdem erscheint es sinnvoll einen vertretbaren Kompromiss im Spannungsverhältnis zwischen interner und externer Validität zu suchen.[113]

Die Konstruktvalidität dient neben der internen und externen Validität als weiteres Gütekriterium. Mit Hilfe der Konstruktvalidität wird geprüft, ob durch die experimentelle Manipulation auch tatsächlich dasjenige Konstrukt variiert wurde, welches der Forscher zu variieren beabsichtigte.[114] Die Höhe der Konstruktvalidität lässt eine Aussage darüber zu, ob und inwieweit die im Experiment beobachteten Variablen sachrepräsentativ für das Konstrukt sind. Im Rahmen der Inhaltsvalidität ist bspw. die Auswahl eines geeigneten Instruments zur Messung der abhängigen Variablen notwendig, während die Faktoren auf ihre gelungene Manipulation hin überprüft werden müssen (Manipulation Check). Je mehr die unabhängigen und abhängigen Variablen das jeweilige theoretische Konzept

---

[106] Vgl. Berekhoven/Eckert/Ellenrieder (2004), S. 90.
[107] Vgl. Brosius/Koschel (2001), S. 218f; Berekhoven/Eckert/Ellenrieder (2004), S. 90.
[108] Vgl. Brosius/Koschel (2001), S. 215.
[109] Vgl. Bortz/Döring (2002), S. 57.
[110] Vgl. Brosius/Koschel (2001), S. 219.
[111] Vgl. Berekhoven/Eckert/Ellenrieder (2004), S. 90.
[112] Campbell/Stanley (1963), S. 175.
[113] Vgl. Stapf (1995), S. 237.
[114] Vgl. Perdue/Summers (1986), S. 319 ff.

tatsächlich repräsentieren, desto höher ist die Konstruktvalidität des Experiments (nomologische Validität). Im Gegensatz zur externen Validität, die sich auf die gesamte Versuchsanordnung bezieht, betrifft die Konstruktvalidität ausschließlich die Variablen.[115]

Als letzte Form der Validität ist die inferenzstatistische Validität zu nennen. Diese bezieht sich auf die Gültigkeit eines statistischen Befundes aus einer Stichprobe auf die zugehörige Gesamtheit aller Individuen.[116] Als Ergänzung zur Validität sind Reliabilität und Objektivität als weitere Gütekriterien einer Messung zu nennen. Als Reliabilität wird das Ausmaß bezeichnet, in dem wiederholte Messungen eines Objektes mit einem Messinstrument die gleichen Werte liefern.[117] Die Reliabilität drückt die formale Genauigkeit der Merkmalserfassung aus.[118] Vollkommene Reliabilität eines Messinstruments würde bei wiederholter Messung gleichbedeutend mit identischen Ergebnissen sein. In der Psychologie und dem Konsumentenverhalten sind die angewandten Messverfahren jedoch selten vollkommen reliabel. Ziel ist es daher, ein Messverfahren zu wählen bei dem der Messfehler möglichst gering ausfällt.[119] Ein Messvorgang wird schließlich als objektiv angesehen, sofern mehrere Personen, die unabhängig voneinander die Messergebnisse registrieren, zum gleichen Ergebnis gelangen.[120] Abschließend lässt sich zwischen den angeführten Gütekriterien der folgende Zusammenhang feststellen: Objektivität ist die Voraussetzung für Reliabilität und diese ist die Grundlage für die Validität eines Forschungsinstruments.[121]

Die erläuterten Gütekriterien sind insbesondere im Hinblick auf die Operationalisierung der abhängigen Variablen relevant. Diese erfolgt anhand von Indikatoren, die im Unterschied zu einem latenten Konstrukt direkt messbar sind.[122] Allerdings eignen sich nicht alle Indikatoren gleichermaßen für die Operationalisierung eines Konstruktes. Die Konzepte Validität und Reliabilität erlauben eine Beurteilung, inwieweit eine Messung ein theoretisches Konstrukt erfasst. Während mit Hilfe der Validität die Güte der Messung beurteilt wird, gibt die Reliabilität das Maß der Zuverlässigkeit der Messung an.[123] Die konvergente Validität erhält dabei vielfach eine vorrangige Bedeutung. Sie ist gegeben, wenn unterschiedliche Indikatoren dasselbe Konstrukt übereinstimmend messen.[124] Unter den verschiedenen Facetten der Reliabilität wird häufig auf die Interne-Konsistenz-Reliabilität zurückgegriffen. Dieses Kriterium nutzt die Korrelation zwischen den Indikatoren eines Konstruktes als Hinweis auf die Genauigkeit der Messung.[125] Die Beurteilung der Reliabilität und Validität erfolgt durch Methoden der ersten und der zweiten Generation.[126] Methoden der ersten Generation sind:

---

[115] Vgl. Sarris/Reiß (2005), S. 40 f.
[116] Vgl. Sarris/Reiß (2005), S. 41.
[117] Vgl. Schnell/Hill/Esser (2005), S. 151.
[118] Vgl. Berekhoven/Eckert/Ellenrieder (2004), S. 89.
[119] Vgl. Sarris/Reiß (2005), S. 90.
[120] Vgl. Berekhoven/Eckert/Ellenrieder (2004), S. 88; Bortz/Döring (2002), S. 194.
[121] Vgl. Berekhoven/Eckert/Ellenrieder (2004), S. 91.
[122] Vgl. Koschate (2002), S. 121.
[123] Vgl. Schnell/Hill/Esser (2005), S. 151 ff.
[124] Vgl. Campbell/Fiske (1959), S. 276 f.
[125] Vgl. Koschate (2002), S. 121.
[126] Vgl. Herrmann/Homburg (2000), S. 75.

- *Cronbach's Alpha* ist das am häufigsten verwendete Maß zur Bestimmung der Internen-Konsistenz-Reliabilität. Eine hohe Interne-Konsistenz-Reliabilität weist auf eine hohe Korrelation der Indikatoren hin, die die gleiche Variable operationionalisieren. Cronbach's Alpha nimmt Werte zwischen Null und Eins an, wobei zumeist ein Mindestwert von 0,7 gefordert wird.[127]

- *Item-to-Total-Korrelation* bezeichnet die Stärke mit der ein Indikator (Item) mit der Summe der verbleibenden Indikatorvariablen (Total) korreliert. Hohe Item-to-Total-Korrelationen lassen eine hohe konvergente Validität vermuten. Eine Steigerung der Reliabilität der Konstruktmessung ist möglich, indem Indikatoren mit niedriger Item-to-Total-Korrelation eliminiert werden.[128]

Die Methoden der zweiten Generation werden im Vergleich zu den Methoden der ersten Generation als leistungsfähiger betrachtet,[129] da die Beurteilung von Validitätsaspekten lediglich auf Faustregeln basiert und keine inferenzstatistische Prüfung[130] zulässt:

- *Indikatorreliabilität* gibt als Gütemaß auf der Ebene einzelner Indikatoren an, welcher Anteil der Varianz eines Indikators durch das zugrunde liegende Konstrukt erklärt wird. Der Wertebereich liegt zwischen Null und Eins, wobei meist ein Mindestwert von 0,4 gefordert wird.[131]

- *Faktorreliabilität* gibt an, wie gut das zugrunde liegende Konstrukt durch die Indikatoren insgesamt gemessen wird. Der Wertebereich liegt zwischen Null und Eins, wobei hohe Werte auf eine hohe Interne-Konsistenz-Reliabilität hindeuten.[132]

Die Auswertung von Experimenten erfolgt in der Regel mittels der Anwendung der Varianzanalyse, die im folgenden Kapitel erläutert wird.

---

[127] Vgl. Nieschlag/Dichtl/Hoerschgen (2002), S. 428; Nunnally (1978), S. 272 f.
[128] Vgl. Nunnally (1978), S. 272 f.
[129] Vgl. Homburg/Giering (1996), S. 8.
[130] Vgl. Gerbing/Anderson (1988), S. 188 f.
[131] Vgl. Homburg/Giering (1996), S. 13.
[132] Vgl. Koschate (2002), S. 123.

4 Auswertung von Experimenten mittels Varianzanalyse

4.1 Grundidee der Varianzanalyse

Die Auswahl der Analysemethoden für experimentell gewonnene Daten erfolgt nach dem Untersuchungszweck und den Charakteristika der zur Verfügung stehenden Daten. Bei Experimenten mit Between-Subject-Design kommt in der Regel die uni- oder multivariate mehrfaktorielle Varianzanalyse ((M)ANOVA) zur Anwendung.[133] Sie lässt sich bei einer Vielzahl von Versuchsanordnungen einsetzen, um zu überprüfen, ob sich unterschiedliche Werte einer oder mehrerer abhängiger Variablen auf die Wirkung einer oder mehrerer unabhängiger Variablen zurückführen lassen.[134] Eine Serie univariater Varianzanalysen ignoriert eine möglicherweise vorhandene Korrelation zwischen den abhängigen Variablen, führt jedoch für den untersuchten Zusammenhang zwischen unabhängiger und abhängiger Variable im Vergleich zur multivariaten ANOVA zu einem identischen Ergebnis. Die Entscheidung für eine uni- oder multivariate Varianzanalyse hängt davon ab, ob der Zusammenhang zwischen mehreren abhängigen Variablen von Interesse für das Untersuchungsmodell ist.[135] **Tabelle 4.1** gibt einen Überblick über die verschiedenen Formen der Varianzanalyse.

Tabelle 4.1 Varianten der Varianzanalyse

		Unabhängige Variablen	
		eine	mehrere
Abhängige Variablen	eine	einfaktorielle univariate	mehrfaktorielle univariate
	mehrere	einfaktorielle multivariate	mehrfaktorielle multivariate

Ziel der Varianzanalyse ist es, Unterschiede in der abhängigen Variablen zwischen verschiedenen Gruppen auf Signifikanz zu untersuchen. Dabei soll getestet werden, ob die Mittelwerte der einzelnen Gruppen einander gleichen, wobei die Beobachtungsdaten annahmegemäß einer Grundgesamtheit entstammen und somit deren Abweichung dem

---

[133] Vgl. Backhaus/Erichson/Plinke/Weiber (1996), S. 56; Bei Within-Subject-Design ist eine Varianzanalyse mit Messwiederholung geeignet, die in der praktischen Anwendung nicht Inhalt des vorliegenden Buches ist.
[134] Vgl. Nieschlag/Dichtl/Hoerschgen (1997), S.788 f.
[135] Vgl. Herrmann/Seilheimer (2000b), S. 289.

Zufall zugeschrieben werden kann.[136] Um den Vergleich der Mittelwerte im Rahmen der Varianzanalyse zu verdeutlichen, soll im Folgenden eine einfaktorielle ANOVA per Hand durchgeführt werden. Während diese Auswertung mittels statistischer Software auf Klick in wenigen Sekunden durchgeführt wird, sind in der manuellen Berechnung die folgenden sechs Schritte zu beachten:

1. Berechnung der quadrierten Gesamtsummenabweichung
2. Berechnung der quadrierten Abweichungen zwischen der Gruppen
3. Berechnung der quadrierten Abweichungen innerhalb den Gruppen
4. Berechnung der relevanten Freiheitsgrade
5. Berechnung der mittleren quadrierten Abweichungen
6. Berechnung und Vergleich der F-Werte

An einem einfachen Beispiel sollen die sechs Schritte der Varianzanalyse nun nachvollzogen werden. Dieses umfasst den Vergleich von drei verschiedenen Werbemöglichkeiten zur Bekanntmachung eines Kinoprogramms in Bezug auf ihre Effektivität. Es stehen drei verschiedene Werbeformen zur Verfügung, die über jeweils fünf Wochen in verschiedenen Städten getestet werden. Die Anzahl der verkauften Kinokarten soll im Nachhinein Aufschluss darüber geben, welche Werbeform am effektivsten war und ob diese signifikant effektiver war als die anderen Werbeformen. Die folgende **Tabelle 4.2** zeigt die im Rahmen dieser Fragestellung erhobenen Daten. Die Ziffern geben den Wochenabsatz in tausend Kinokarten an.

Tabelle 4.2 Wochenabsatz pro Werbeform in tausend Kinokarten

Werbeform	Woche 1	Woche 2	Woche 3	Woche 4	Woche 5	Mittelwert
Plakate	5	5	5	7	8	6
Flyer	6	7	7	7	8	7
Inserate	4	4	5	6	6	5

Im ersten Schritt der Varianzanalyse wird die Varianz in der Stichprobe berücksichtigt und in Form der quadrierten Gesamtsummenabweichung (SS_t = sum of squared residuals total) zum Ausdruck gebracht. Hierzu ist zunächst der Gesamtmittelwert über alle Datenreihen aller Gruppen zu ermitteln. Im obigen Beispiel liegt dieser bei 90 / 15 = 6. Um als nächstes die quadrierte Gesamtsummenabweichung zu ermitteln, kommt die unten angegebene Formel zur Anwendung. In diesem Rechenschritt interessiert also, wie stark die einzelnen Werte aller Werbeformate vom Gesamtmittelwert abweichen. Sind alle Individuen der gleichen Meinung, so ist diese quadrierte Gesamtsummenabweichung gleich Null. Die

---

[136] Vgl. Herrmann/Seilheimer (2000b), S. 267.

Angaben entsprächen dann alle exakt dem Mittelwert. Die Gesamtsummenabweichung SS_t lässt sich weiterhin in Gruppeneffekt (sum of squared residuals between groups = SS_b) und Zufallseffekt innerhalb der Gruppen (sum of squared residuals within groups = SS_w) unterteilen. Diese beiden Bestandteile werden in Schritt 2 und Schritt 3 der Varianzanalyse berücksichtigt.

$$SS_t = \sum_{g=1}^{G} \sum_{k=1}^{K} (y_{gk} - \bar{y})^2$$

$$\begin{aligned}SS_t = {} & (5-6)^2 + (5-6)^2 + (5-6)^2 + (7-6)^2 + (8-6)^2 \\ & + (6-6)^2 + (7-6)^2 + (7-6)^2 + (7-6)^2 + (8-6)^2 \\ & + (4-6)^2 + (4-6)^2 + (5-6)^2 + (6-6)^2 + (6-6)^2 = 24\end{aligned}$$

Im zweiten Schritt der Varianzanalyse wird diese quadrierte Gesamtsummenabweichung dann in einen durch die Gruppen erklärten (SS_b) und einen innerhalb der Gruppen zufälligen Bestandteil (SS_w) geteilt. Zur Berechnung des sogenannten Gruppeneffektes SS_b wird die quadrierte Abweichung der jeweiligen Gruppenmittelwerte vom Gesamtmittelwert aufsummiert. Die folgende Formel dient zur Berechnung dieses Wertes.

$$SS_b = \sum_{g=1}^{G} K * (\bar{y}_g - \bar{y})^2$$

$$SS_b = 5(6-6)^2 + 5(7-6)^2 + 5(5-6)^2 = 10$$

Im dritten Schritt der Varianzanalyse wird dann der sogenannte Zufallseffekt, also die Streuung innerhalb der Gruppen, berechnet. Hierzu wird innerhalb jeder Gruppe die quadrierte Abweichung vom Gruppenmittelwert aufsummiert. Da Gruppeneffekt und Zufallseffekt gemeinsam die Gesamtsummenabweichung bilden, ergibt sich die SS_w als Differenz aus SS_t und SS_b. Die folgende Formel dient zur direkten Berechnung aus den Daten.

$$SS_w = \sum_{g=1}^{G} \sum_{k=1}^{K} (y_{gk} - \bar{y}_g)^2$$

$$\begin{aligned}SS_w = {} & (5-6)^2 + (5-6)^2 + (5-6)^2 + (7-6)^2 + (8-6)^2 \\ & + (6-7)^2 + (7-7)^2 + (7-7)^2 + (7-7)^2 + (8-7)^2 \\ & + (4-5)^2 + (4-5)^2 + (5-5)^2 + (6-5)^2 + (6-5)^2 = 14\end{aligned}$$

Vergleicht man die Werte der letzten beiden Schritte miteinander, so lässt sich folgender Zusammenhang feststellen. Ist die Streuung der gesamten Stichprobe darauf zurückzuführen, dass die verschiedenen Werbeformen unterschiedlich effektiv sind, so wird die SS_b relativ groß. Die quadrierte Gesamtsummenabweichung ist dann vor allem auf die quadrierte Abweichung zwischen den Gruppen zurückzuführen. Im Extremfall haben dann innerhalb einer Gruppe alle Datenreihen die gleiche Ausprägung und die Streuung innerhalb der Gruppen wird gleich Null, das heißt es besteht kein Zufallseffekt. Umgekehrt stellt sich die Situation dar, wenn die Gesamtsummenabweichung vor allem auf Zufallseffekte zurückzuführen ist. Die quadrierte Abweichung innerhalb der Gruppen SS_w ist dann besonders groß. Im Extremfall ist der Mittelwert der verschiedenen Gruppen sogar gleich und somit keine Streuung zwischen den Gruppen festzustellen.

Im vierten Schritt der Varianzanalyse wird der Stichprobengröße Rechnung getragen. Hierzu dienen die sogenannten Freiheitsgrade einer Schätzung. Freiheitsgrade sind Informationen eines Schätzsystems, die über die zur Schätzung notwendigen Informationen hinausgehen. Will man den Mittelwert bzw. die quadrierte Gesamtsummenabweichung um diesen Mittelwert berechnen, so ist zur Schätzung mindestens ein Datenwert von Nöten. Natürlich ist die Schätzung des Mittelwertes anhand einer einzigen Information nicht sinnvoll, jedoch wäre sie theoretisch möglich und entspräche dann genau diesem Wert. Jede weitere Information macht die Schätzung besser und liefert einen zusätzlichen Freiheitsgrad.

Die Freiheitsgrade zur Berechnung der SS_t ergeben sich somit aus 15 vorhandenen Informationen abzüglich einer Information, die zur Schätzung mindestens notwendig ist. Die Schätzung der SS_t hat somit 15 − 1 = 14 Freiheitsgrade. Für die Schätzung der SS_b ist ebenfalls mindestens eine Information notwendig. Vorhanden sind insgesamt jedoch drei Informationen, nämlich drei Mittelwerte, aus denen der Gesamtmittelwert geschätzt wird. Es ergeben sich somit 3 − 1 = 2 Freiheitsgrade für die Schätzung der SS_b. Für die Schätzung der SS_w sind insgesamt drei Informationen notwendig, nämlich der Mittelwert jeder einzelnen Gruppe als Abweichung von den einzelnen Datenreihen. Da pro Gruppe fünf Informationen vorhanden sind, von denen jeweils eine notwendig ist, ergeben sich für die 15 − 3 = 12 Freiheitsgrade für die Schätzung der SS_w. Für die Freiheitsgrade gilt, analog zur Schätzung der Gesamtsummenabweichung, dass die Freiheitsgrade des Gruppeneffekts und die des Zufallseffekts sich zur Gesamtzahl der Freiheitsgrade aufsummieren.

Im fünften Schritt der Varianzanalyse werden die geschätzten Werte für SS_t, SS_b und SS_w ins Verhältnis zur jeweiligen Anzahl der Freiheitsgrade gesetzt. Dieser Schritt ist notwendig um der Genauigkeit einer Schätzung aufgrund der Anzahl der vorhandenen Schätzinformationen Rechnung zu tragen. Es ergeben sich die sogenannten mittleren quadratischen Abweichungen (mean squared residuals = MS_t, MS_b bzw. MS_w) gemäß der folgenden Formel.

$$MS_t = \frac{SS_t}{df_t} = \frac{24}{14} = 1{,}71 = 1{,}17 \qquad MS_b = \frac{SS_b}{df_b} = \frac{10}{2} = 5 \qquad MS_w = \frac{SS_w}{df_w} = \frac{14}{12}$$

Im sechsten und letzten Schritt der Varianzanalyse wird dann anhand der berechneten mean squares ein empirischer F-Wert berechnet, der sodann mit einem theoretischen F-Wert verglichen wird. Ersterer ergibt sich aus dem Verhältnis von MS_b und MS_w, also dem

Verhältnis der Streuung zwischen den Gruppen zur Streuung innerhalb der Gruppen. Intuitiv wird damit die Frage beantwortet, ob die Varianz in den Daten durch den Gruppeneffekt erklärt werden kann. Im vorliegenden Beispiel ergibt sich somit ein Wert von 5 / 1,17 = 4,27. Als Vergleichswert dient nun ähnlich wie beim t-Test ein Wert der F-Verteilungsfunktion, und zwar mit den jeweiligen Freiheitsgraden der Schätzung (2 für den Gruppeneffekt und 12 für den Zufallseffekt). Ein Blick in die entsprechende Tabelle mit 2 und 12 Freiheitsgraden ergibt einen theoretischen F-Wert von 3,98. Da dieser kleiner ist als der berechnete F-Wert, lässt dies den Schluss zu, dass im vorliegenden Fall ein signifikanter Gruppeneffekt vorliegt. Der Unterschied in den verschiedenen Werbeformaten ist somit nicht auf den Zufall zurückzuführen. Die Bekanntmachung des Kinoprogramms durch Flyer ist signifikant effektiver als die beiden anderen Bekanntmachungsformen.

Berechnet man eine Varianzanalyse mit Hilfe von statistischer Software so wird als Ergebnis direkt ein entsprechendes Signifikanzniveau ausgegeben, zu welchem der jeweilige Effekt erkennbar ist. Im Falle eines zweifaktoriellen Experimentaldesigns teilt sich die quadrierte Gesamtsummenabweichung nicht nur in SS_b und SS_w. Der Gruppeneffekt SS_b teilt sich dann darüber hinaus in eine quadrierte Abweichung aufgrund von Faktor A (SS_A), eine quadrierte Abweichung aufgrund von Faktor B (SS_B) sowie eine quadrierte Abweichung aufgrund der Interaktion zwischen diesen beiden Faktoren (SS_{A*B}). Zwar ist auch eine solche Berechnung per Hand möglich, jedoch wird der Prozess unter der Hinzunahme weiterer Faktoren und abhängiger Variablen deutlich komplexer als im oben aufgezeigten Beispiel. Daher wird die varianzanalytische Auswertung von experimentellen Untersuchungsdesigns meist mit Hilfe statistischer Software vorgenommen. Die folgenden Kapitel erläutern diese Auswertung anhand der Software SPSS detailliert.

4.2 Vorbereitung und erste Schritte

4.2.1 Getrennte Datensätze eines Experiments zum ANOVA-Datensatz verknüpfen

Um die verschiedenen Szenarien eines Experiments zu präsentieren, werden häufig getrennte Fragebögen entwickelt, die den Probanden im Rahmen der Datenerhebung per Zufall zugeteilt werden. Auf diese Weise erhält man auch zumeist getrennte Datensätze, die jeweils die Antworten zu einem der verschiedenen Szenarien enthalten. Für die varianzanalytische Auswertung in SPSS ist jedoch *ein gemeinsamer* Datensatz nötig, welcher aus den getrennten Datensätzen wie folgt generiert wird.

In der Regel liegen die Daten zu jeder Variante des Fragebogens, die jeweils eindeutig einer Experimentalgruppe zugeordnet werden können, zunächst in einer Vielzahl von Excel-Dateien vor (vor allem bei der Durchführung eines Online-Experiments). Um die vier separaten .xls-Dateien zu einem gemeinsamen, varianzanalytisch auswertbaren Datensatz zu verknüpfen, sollte nun ein neues, leeres .xls-Datenblatt geöffnet werden. Hier gilt es zunächst, für jeden Faktor eine Dummyvariable zu erstellen. Als Experiment wird im folgenden Beispiel die Einführung verschiedener Designs von Wasserflaschen mit unterschiedlichen Farben und unterschiedlichem Material durchgeführt. Ist beispielsweise Faktor 1 die Farbe der Flasche, mit den Faktorstufen grün und blau, und Faktor 2 das Material der Flasche, mit den Faktorstufen Glas und Plastik, so sind genau 2 Dummyvariablen nötig: eine für die Farbe und eine für das Material. Die Dummyvariablen nehmen im Folgenden die Werte 0 und 1 an. Bei der Farbe bezeichnet 0 eine grüne Flasche und 1 eine blaue Flasche. Beim zweiten Dummy bezeichnet 0 das Material Glas und 1 das Material Plastik. Beide neu generierten Spalten bleiben jedoch zunächst bis auf ihre Bezeichnung in der ersten Zeile leer.

Als nächstes wird nun der komplette Datensatz zu Szenario 1 kopiert und in die dritte Spalte (hinter die beiden Dummyvariablen) eingefügt. Um weiterhin identifizieren zu können, um welches Szenario des Experiments es sich handelt, werden nun die Dummyvariablen in den ersten beiden Spalten entsprechend kodiert. Wurde in Szenario 1 eine grüne Glasflasche präsentiert, so erhalten beide Dummyvariablen den Wert 0. Diese Kodierung wird für sämtliche Untersuchungsobjekte des kopierten Szenarios vorgenommen. Die folgende **Abbildung 4.1** zeigt einen entsprechenden Datensatz, der bisher nur drei Datenreihen (drei Probanden) dieses ersten Szenarios enthält. Sämtliche Dummyvariablen besitzen bis dahin die gleiche Kodierung.

Abbildung 4.1 Zusammenfassen der Datensätze, erster Schritt

D_Farbe	D_Material	Item_1	Item_2	Item_3	Item_4	Alter	Geschlecht
0	0	5	6	5	4	25	m
0	0	4	4	5	4	31	w
0	0	7	6	7	6	53	m

Im Folgenden werden auch die weiteren Szenarien in die neue Tabelle eingefügt. Dabei erhält jeder neu kopierte Datensatz eine entsprechende Dummykodierung, welche anzeigt, aus welchem Szenario die Datenreihen stammen. Die Reihenfolge der Items muss dabei in den Szenarien jeweils die gleiche sein, eine Voraussetzung die zwingend vor dem Zusammenführen der Daten zu überprüfen ist. In der folgenden **Abbildung 4.2** wurden nach Szenario 1 (grüne Glasflasche) nun auch die Daten zu Szenario 2 (grüne Plastikflasche) ergänzt.

Abbildung 4.2 Zusammenfassen der Datensätze, zweiter Schritt

D_Farbe	D_Material	Item_1	Item_2	Item_3	Item_4	Alter	Geschlecht
0	0	5	6	5	4	25	m
0	0	4	4	5	4	31	w
0	0	7	6	7	6	53	m
0	1	3	3	3	3	44	w
0	1	2	3	2	4	28	w
0	1	4	4	3	2	35	m

Auf diese Weise können nun sämtliche Datensätze zu *einem* Datensatz zusammengefügt werden. Ohne die beiden Dummyvariablen wäre nun nicht mehr ersichtlich, welche Datenreihe aus welchem Szenario stammt. Die Dummyvariablen ermöglichen diese Identifikation jedoch und können in SPSS als feste Faktoren bei der Durchführung der Varianzanalyse genutzt werden. Des Weiteren kann an dieser Stelle bereits für alle abhängigen Variablen ein Durchschnitt gebildet werden. Für die Auswertung der Varianzanalyse sind neben den Dummyvariablen der Einflussfaktoren lediglich die Durchschnitte der abhängigen Variablen von Nöten. Die folgende **Abbildung 4.3** zeigt die fertige Tabelle, wie sie zur Auswertung der Varianzanalyse genutzt werden kann. Die vier Items der abhängigen Variablen *Einstellung* wurden zu einem Durchschnitt zusammengefasst. Alter und Geschlecht dienen lediglich zur Beschreibung der Stichprobe und fließen nicht in die Analyse mit ein. Auch die Werte der einzelnen Items werden nicht weiter benötigt.

Abbildung 4.3 Zusammenfassen der Datensätze, dritter Schritt

D_Farbe	D_Material	Einstellung	Item_1	Item_2	Item_3	Item_4	Alter	Geschlecht
0	0	5	5	6	5	4	25	m
0	0	4,25	4	4	5	4	31	w
0	0	6,5	7	6	7	6	53	m
0	1	3	3	3	3	3	44	w
0	1	2,75	2	3	2	4	28	w
0	1	3,25	4	4	3	2	35	m
1	0	5	5	5	5	5	22	m
1	0	4,25	4	5	4	4	61	m
1	0	4,5	5	5	4	4	19	w
1	1	6	7	6	5	6	26	w
1	1	6,75	7	7	6	7	35	m
1	1	6,5	7	6	6	7	37	w

Anzumerken ist, dass im Rahmen der varianzanalytischen Auswertung zunächst eine Reliabilitätsprüfung der einzelnen Items vorgenommen wird. Kommt es hierbei zur Eliminierung einzelner Items, so muss der Durchschnitt der restlichen Items neu berechnet werden. Wurde im Fragebogen ein weiteres, unabhängiges Experiment durchgeführt, so muss auch hier durch entsprechende Dummykodierung ein gemeinsamer Datensatz sämtlicher Datenreihen erstellt werden. Der fertige Datensatz kann nun in SPSS genutzt werden, um mit der varianzanalytischen Auswertung zu beginnen.

4.2.2 Einlesen der Daten in SPSS

Bereits beim Starten des Programms SPSS wird nach einem zu öffnenden Datensatz gefragt, welcher über ein windowsübliches Auswahlfenster ausgewählt werden kann. Öffnet man zunächst ein neues Datenset über die Option *Daten eingeben*, so lassen sich die abgespeicherten Rohdaten über den Befehl *Datei → Öffnen → Daten* in SPSS importieren. In beiden Fällen werden sämtliche gängigen Dateiformate unterstützt. Nach der Auswahl der Quelldatei erscheint ein weiteres Fenster, in dem zur Aufwandsreduktion die Option *Variablennamen aus erster Datenzeile lesen* ausgewählt werden sollte. Der Datensatz ist nun in SPSS eingelesen und erscheint auf dem Bildschirm. Dieser sollte nun sofort über die Option *Datei → Speichern unter* als .sav-Datei abgespeichert werden. Sämtliche notwendigen Änderungen im Datensatz selbst sollten von nun an in dieser .sav-Datei vollzogen werden. Die ursprüngliche .xls-Datei der Rohdaten dient als Backup.

4.2.3 Datenansicht und Variablenansicht

Wurden die Daten erfolgreich in SPSS eingelesen, so bestehen zwei Möglichkeiten, diese zu betrachten: die Datenansicht und die Variablenansicht, welche über die Reiter am unteren Bildschirmende auszuwählen sind. Während in der Datenansicht eine Darstellung sämtlicher Einzelwerte ähnlich wie in Excel zu sehen ist, stellt die Variablenansicht eine Zusammenfassung der einzelnen Variablen sowie deren Eigenschaften dar. Hier können nun zunächst die Variablen neu benannt und das vorliegende Messniveau eingestellt werden. Zu beachten ist, dass für die abhängigen Variablen einer Varianzanalyse stets metrisches Skalenniveau vorliegen muss, während die unabhängigen Variablen nominal oder ordinal skaliert sein können.[137] So besteht zum Beispiel die Möglichkeit die Kaufbereitschaft als abhängige Variable über eine 7-Punkt Likert-Skala metrisch skaliert zu messen, während der Einflussfaktor Farbe die nominalen Ausprägungen rot, grün und blau besitzt. Ein weiterer Einflussfaktor könnte die ordinal skalierte Größe eines Produkts sein, welche die Ausprägungen groß und klein mit sich bringt. Der Modelltyp wäre in diesem Fall eine ANOVA im 2 x 3 (groß/klein x rot/grün/blau) Design. Der Datentyp sollte für den Fall geschlossener Skalen stets als *Numerisch* festgelegt werden. Lediglich bei offenen Fragen, wie beispielsweise der nach einer Lieblingsmarke, kommen andere entsprechende Datentypen in Betracht, in diesem Fall die Eingabe von Buchstaben mit Hilfe des Skalentyps *String*. In der Datenansicht, welche ähnlich wie eine .xls-Tabelle aufgebaut ist, kann schließlich überprüft werden, ob noch unvollständige Datenreihen im Datensatz vorhanden sind. Diese Probanden sollten im Regelfall zusammen mit offensichtlich unplausiblen Datenreihen keine weitere Berücksichtigung bei der Analyse mehr finden.

---

[137] Vgl. Berekoven/Eckert/Ellenrieder (2009), S. 204; Backhaus et al. (2008), S. 152.

4.2.4 Berechnung der gemittelten Variablen

4.2.4.1 Reliabilitätsprüfung

Bevor die einzelnen Items zur Operationalisierung der abhängigen Variablen sowie der Faktoren zur Analyse herangezogen werden können, müssen die Items aller Variablen im Hinblick auf ihre Reliabilität eine Überprüfung erfahren.[138] Hierzu ist die Option *Analysieren* → *Skalierung* → *Reliabilitätsprüfung* zu wählen. Der Modelltyp ist dann im Dropdown-Menü als Alpha zu spezifizieren. Unter Items müssen alle Items *eines* zu prüfenden Konstruktes ausgewählt werden. Zudem eignet sich bei den Statistiken die Auswahl der Option *Skala wenn Item gelöscht*. Die folgende **Abbildung 4.4** zeigt das entsprechende Auswahlfenster.

Abbildung 4.4 Reliabilitätsanalyse

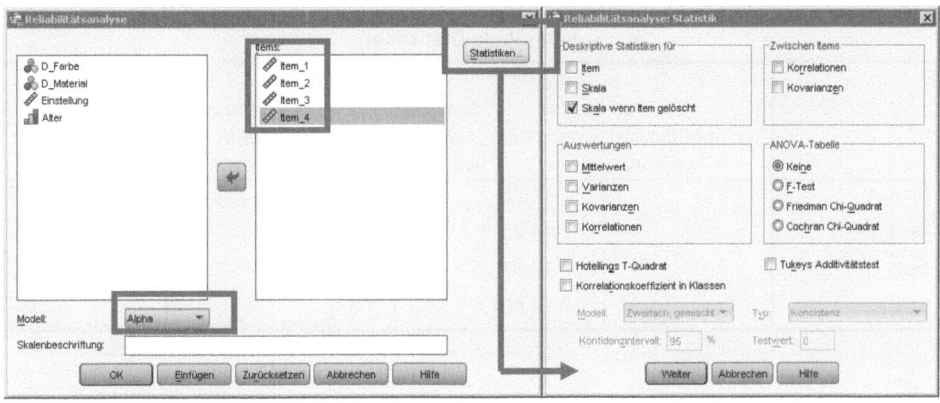

Quelle: SPSS Statistics.

Im sich ergebenden Output sind dann die in der **Abbildung 4.5** markierten Kenngrößen von besonderem Interesse. Cronbachs Alpha misst dabei die Reliabilität der Skala und wird in der Literatur für Werte größer als 0,8 als akzeptabel angesehen.[139] Darüber hinaus kann man anhand der Indikatorreliabilität beurteilen, ob ein Weglassen einzelner Items eine Verbesserung von Cronbachs Alpha mit sich bringen würde. Hierzu dient die letzte Spalte von **Abbildung 4.5**. Es sollten in dieser Spalte keine Werte auftauchen, die deutlich größer als das Alpha der Gesamtreliabilität sind. Dies würde bedeuten, dass die Skala ohne das betreffende Item eine höhere Reliabilität aufweisen würde, was eine Eliminierung des Items zur Konsequenz hätte.[140] Zudem erhält der Forscher in der dritten Spalte der Item-Skala-Statistiken die korrigierte Item-Skala-Korrelation. Die geben Auskunft

---

[138] Vgl. Brosius/Koschel/Haas (2009), S. 63 ff.
[139] Vgl. Schnell/Hill/Esser (2008), S. 153.
[140] Vgl. Janssen/Laatz (2007), S. 598.

darüber, ob eine Eliminierung von einzelnen Items Sinn macht. In der Literatur wird für diese auch als Item-to-Total-Wert oder Trennschärfekoeffizient bezeichnete Kenngröße ein Mindestwert von 0,3 vorgeschlagen.[141] Ist die Reliabilität eines Konstruktes anhand der verwendeten Items nicht gegeben, so muss nach Eliminierung des schwächsten Items erneut eine Reliabilitätsprüfung vorgenommen werden. Ein eliminiertes Item gilt dann als irrelevant und findet keine weitere Berücksichtigung mehr.

Abbildung 4.5 Output der Reliabilitätsanalyse

Reliabilitätsstatistiken

Cronbachs Alpha	Anzahl der Items
,950	4

Item-Skala-Statistiken

	Skalenmittelwert, wenn Item weggelassen	Skalenvarianz, wenn Item weggelassen	Korrigierte Item-Skala-Korrelation	Cronbachs Alpha, wenn Item weggelassen
Item_1	14,25	15,841	,937	,918
Item_2	14,25	19,659	,898	,934
Item_3	14,67	18,424	,885	,933
Item_4	14,58	18,083	,828	,950

Quelle: SPSS Statistics.

4.2.4.2 Neue Variablen berechnen

Die Varianzanalyse selbst basiert auf gebildeten Durchschnittswerten über alle Items zur Operationalisierung der abhängigen Variablen. Das heißt, dass sämtliche Items, welche die Reliabilitätsprüfung überstanden haben, für die Analyse selbst zunächst arithmetisch gemittelt werden müssen. Falls dies nicht bereits zuvor in Excel geschehen ist, kann das arithmetische Mittel als neue Variable gebildet werden. Um diese neue Variable zu ermitteln, bietet sich die Option *Transformieren* → *Variable berechnen* an. In dem sich öffnenden Fenster ist dann ein neuer Variablenname zu wählen sowie die Formel zur Berechnung dieser einzugeben (siehe **Abbildung 4.6**). Dazu dient sowohl der eingeblendete Nummernblock als auch die Tastatur samt Zeichen.

---

[141] Vgl. Raithel (2006), S. 116.

Vorbereitung und erste Schritte

Abbildung 4.6 Variablen berechnen

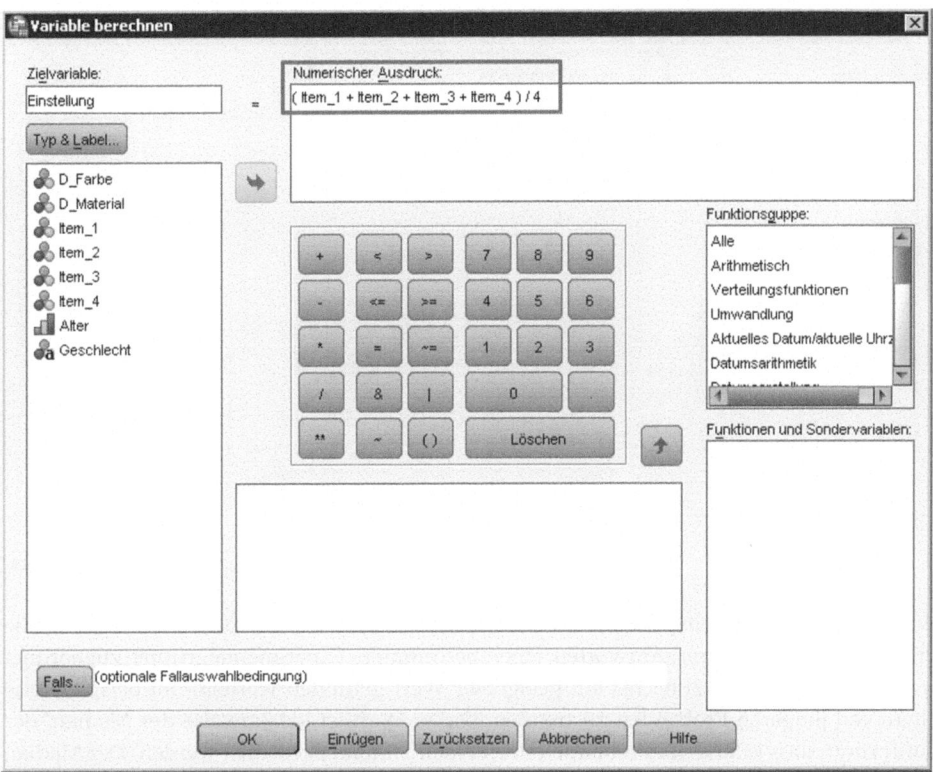

Quelle: SPSS Statistics.

Um die verschiedenen Zustände des Experiments simulieren zu können, sollten außerdem zu diesem Zeitpunkt bereits für jeden *manipulierten Einflussfaktor* Dummy-Variablen generiert worden sein, die in Form einer binären oder mehrstufigen Kodierung die einzelnen Stufen widerspiegeln. Jeder Proband, der das grüne Produkt bewertet hat, erhält dabei zum Beispiel den Wert 0 und jeder Proband, der das blaue Produkt bewertet hat, den Wert 1.[142] Die entsprechenden Dummy-Variablen dienen dabei nicht nur der Kennzeichnung des jeweiligen Szenarios, sondern repräsentieren im weiteren Verlauf die unabhängigen Variablen der Varianzanalyse.

---

[142] Siehe hierzu *Kapitel 2.1*.

Abbildung 4.7   Variablen berechnen mit Fallunterscheidung

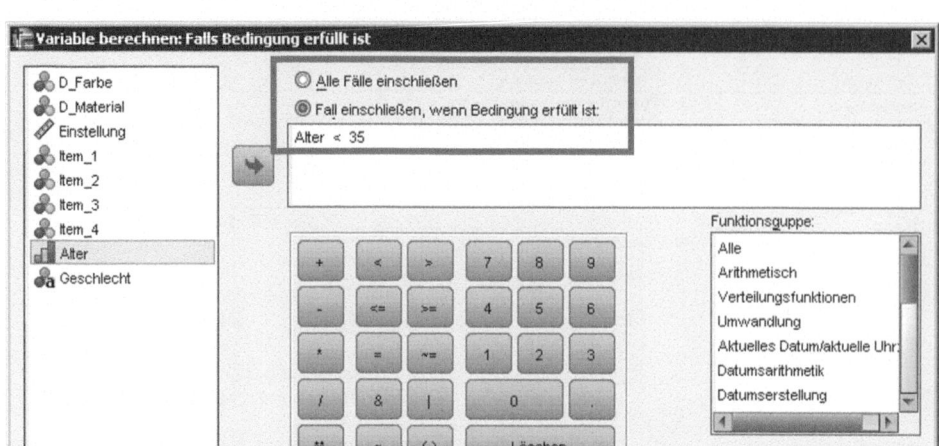

Quelle: SPSS Statistics.

Wurde hingegen mit einer sogenannten *a posteriori Einteilung* gearbeitet, bei welcher die Probanden anhand ihrer Antworten einer bestimmten Experimentalgruppe zugeordnet werden, so muss nun zunächst ein geeigneter Wert gefunden werden, um beispielsweise ältere von jüngeren Probanden zu trennen. Dieser Wert ist idealerweise der Median, der dafür sorgt, dass je 50% der Probanden den beiden Stufen zugeordnet werden. Der Median lässt sich in SPSS über die Option *Analysieren* → *Deskriptive Statistiken* → *Häufigkeiten* ermitteln.[143] Im Folgenden ist dann über die Option *Transformieren* → *Variable berechnen* eine Dummy-Variable zu generieren. Dabei kann der Button *falls* genutzt werden, um beispielsweise allen Probanden mit einem Alter von 35 oder höher den Wert 1 zuzuordnen (siehe **Abbildung 4.7**) und allen jüngeren Probanden den Wert 0. Es entsteht so eine Dummy-Variable mit der Ausprägung 1 für ältere und mit der Ausprägung 0 für jüngere Probanden. Ist die idealtypische Trennung in der Mitte einer Skala aufgrund einer ungleichen Verteilung der Probanden nicht möglich, so liegt es im Ermessen des Forschers, die Trennschwelle am Median anzusetzen. Somit könnten zum Beispiel die Probanden ab einem Alter von 30 Jahren als „älterer" Teil der Stichprobe bezeichnet und nur Probanden unter dieser Schwelle als „jung" eingestuft werden. Sofern der Forscher sich für eine solche Vorgehensweise entscheidet, ist jedoch eine theoriegestützte oder intuitiv sinnvolle Fundierung dieser Einteilung unerlässlich.

---

[143] Siehe hierzu *Kapitel 3.1*.

4.3 Voruntersuchungen zur Varianzanalyse

4.3.1 Erste deskriptive Auswertungen

Oftmals kann zur näheren Analyse des Datensatzes eine erste deskriptive Auswertung sinnvoll sein. Dazu eignet sich die Option *Analysieren* → *Deskriptive Statistiken* → *Häufigkeiten*. Das Ergebnisblatt zeigt sodann Durchschnittswerte, Standardabweichungen, Spannbreiten und weitere Verteilungsmaße für sämtliche Variablen. Vor allem in Bezug auf die Stichprobenzusammensetzung hinsichtlich Alter, Geschlecht, etc. sollte auf diese deskriptiven Häufigkeiten zurückgegriffen werden.

Abbildung 4.8 Deskriptive Statistiken: Häufigkeiten

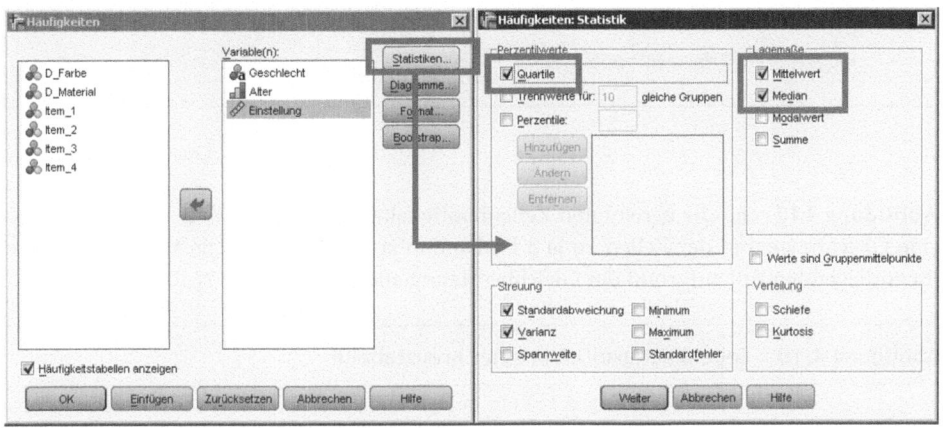

Quelle: SPSS Statistics.

Des Weiteren eignet sich die Option *Analysieren* → *Deskriptive Statistiken* → *Kreuztabellen*, um einen Überblick über die Häufigkeiten der einzelnen Zellen des Experiments zu erhalten. Dazu ist je einer der Einflussfaktoren für die Zeilen der Kreuztabelle und je einer für die Spalten zu wählen. Auch Korrelationen zwischen den Einflussfaktoren oder den abhängigen Variablen lassen sich mit Hilfe des Optionsfelds *Statistiken* ermitteln. **Abbildung 4.9** zeigt das entsprechende Eingabefenster.

Abbildung 4.9 Deskriptive Statistiken: Kreuztabellen

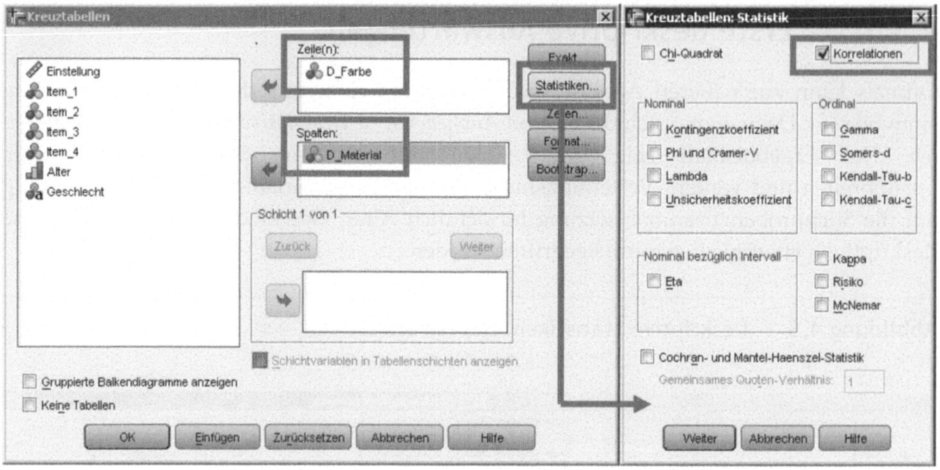

Quelle: SPSS Statistics.

Abbildung 4.10 zeigt die bereinigten Zellenhäufigkeiten für das gewählte Beispiel, welche eine Gleichbesetzung der Zellen zu je 3 Probanden zur Folge hatte. Die Korrelation wäre im vorliegenden Fall aufgrund der Gleichbesetzung aller Zellen gleich Null.

Abbildung 4.10 Zellenhäufigkeiten in einer Kreuztabelle

D_Farbe * D_Material Kreuztabelle

Anzahl

		D_Material		Gesamt
		0	1	
D_Farbe	0	3	3	6
	1	3	3	6
Gesamt		6	6	12

Quelle: SPSS Statistics.

4.3.2 Manipulation Checks

4.3.2.1 Generelles Vorgehen

Grundsätzlich lassen sich bei den Einflussfaktoren *a priori Manipulationen* und *a posteriori Einteilungen* unterscheiden. Während letztgenannter Ansatz die Probanden erst anhand der in der Stichprobe erhobenen Daten den Testgruppen zuordnet, werden bei *a priori Manipulationen* bereits im Voraus verschiedene Umweltzustände manipuliert. Die Experimentalbedingungen müssen deshalb vor der Durchführung der Varianzanalyse auf eine gelungene Manipulation hin überprüft werden.[144] Dazu dienen neben den abhängigen Variablen auch sogenannte Checkvariablen, welche die Stärke der Wirkung der Manipulationen messen. So könnte beispielsweise bei einer Manipulation der Produktgröße nach kleinen und großen Produkten neben der abhängigen Variablen Kaufabsicht auch die wahrgenommene Produktgröße Bestandteil der Befragung sein. Die entsprechenden Werte dienen dann dazu, zu kontrollieren, ob tatsächlich verschiedene Stufen in Form eines kleinen und großen Produkts wahrgenommen wurden. Wurde vor der Studie bereits ein Pre-Test zur Identifikation verschiedener Faktorstufen durchgeführt, so ist der Manipulation Check nichts anderes als eine erneute Überprüfung der Verschiedenartigkeit der untersuchten experimentellen Zustände.

4.3.2.2 Unterschiedliche Erscheinungsformen

Bei der Durchführung eines Manipulation Checks richtet sich das Augenmerk zum einen auf die Anzahl der Ausprägungen der Einflussfaktoren und zum anderen auf die Abhängigkeit der Stichproben. Drei Fälle gilt es im Hinblick auf Manipulation Checks voneinander abzugrenzen. **Tabelle 4.3** zeigt diese im Überblick. Die Durchführung der genannten Testverfahren wird dann im Folgenden näher erläutert.

Tabelle 4.3 Klassifizierung der Manipulation Checks

	Unabhängige Stichproben	Abhängige Stichproben
2 Faktorstufen	Mittelwert t-Test bei unabhängigen Stichproben	Mittelwert t-Test bei abhängigen Stichproben
3 oder mehr Faktorstufen	Einfaktorielle ANOVA	

Liegt ein Faktor mit zwei manipulierten Zuständen im Experiment vor und wurde den einzelnen Testgruppen nur jeweils eine dieser Manipulationen vorgestellt (unabhängige Stichproben), so kann über einen simplen Mittelwertvergleich der beiden Gruppen beurteilt werden, ob die Manipulation ihr Ziel erreicht hat. Hierzu ist die Option *Analysieren → Mittelwerte vergleichen → t-Test bei unabhängigen Stichproben* auszuwählen. Als Testvariable sind die Mittelwerte der Checkvariablen zu wählen. Die Definition der Gruppen erfolgt

---

[144] Vgl. Perdue/Summers (1986), S. 317 f.

anhand der generierten Dummy-Variablen der Einflussfaktoren. So wird im folgenden Beispiel der **Abbildung 4.11** untersucht, ob im Hinblick auf die Checkvariable „Größe" auch tatsächlich ein wahrgenommener Unterschied seitens der Probanden zwischen kleinen und großen Produkten besteht (D_Größe (0,1)). Das Signifikanzniveau sollte bei den Optionen standardgemäß auf 95% eingestellt sein.

Abbildung 4.11 T-Test bei unabhängigen Stichproben

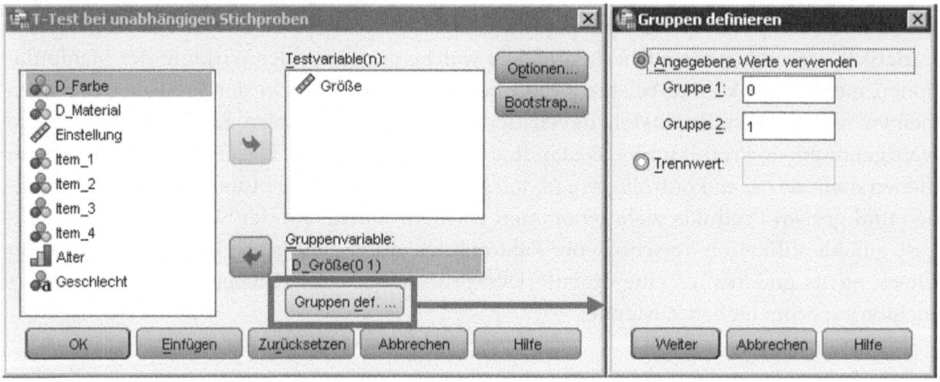

Quelle: SPSS Statistics.

Im Ergebnisoutput ist dann darauf zu achten, ob die Signifikanz im t-Test für die Mittelwertgleichheit das Niveau von 5% unterschreitet. Ist der entsprechende Wert größer als diese Irrtumswahrscheinlichkeit, so muss davon ausgegangen werden, dass die Manipulation der Experimentgruppen nicht erfolgreich war und sich diese nicht signifikant voneinander unterscheiden.

In diesem Fall sollte eine der in Kapitel 3.2.3 vorgeschlagenen Vorgehensweisen verfolgt werden. Für eine als erfolgreich anzusehende Manipulation sollten Signifikanzniveaus kleiner 0,05 vorliegen, was in der folgenden **Abbildung 4.12** auch der Fall ist.

Um einen Manipulation Check für Faktoren mit drei oder mehr Faktorstufen bei unabhängigen Stichproben durchzuführen, muss die einfachste Form einer Varianzanalyse mit der Checkvariablen durchgeführt werden. Hierzu dient die Option *Analysieren* → *Mittelwerte vergleichen* → *Einfaktorielle ANOVA*. Im sich öffnenden Fenster sind dann der Mittelwert der zu untersuchenden Checkvariablen als abhängige sowie die Dummy-Variable des Einflussfaktors als Faktor einzugeben. Zusätzlich ist bei den „Post Hoc-Tests" die Scheffé-Prozedur auszuwählen (siehe **Abbildung 4.13**).

Voruntersuchungen zur Varianzanalyse

Abbildung 4.12 Output des t-Tests bei unabhängigen Stichproben

Gruppenstatistiken

	D_Größe	N	Mittelwert	Standardabweichung	Standardfehler des Mittelwert
Größe	0	4	2,50	,577	,289
	1	4	3,75	,957	,479

Test bei unabhängigen Stichproben

		Levene-Test der Varianzgleichheit		T-Test für die Mittelwertgleichheit						
		F	Signifikanz	T	df	Sig. (zweiseitig)	Mittlere Differenz	Standardfehler der Differenz	95% Konfidenzintervall der Differenz	
									Untere	Obere
Größe	Varianzen sind gleich	1,500	,267	-2,236	6	,067	-1,250	,559	-2,618	,118
	Varianzen sind nicht gleich			-2,236	4,927	,076	-1,250	,559	-2,693	,193

Quelle: SPSS Statistics.

Abbildung 4.13 Einfaktorielle ANOVA und Post-Hoc-Tests

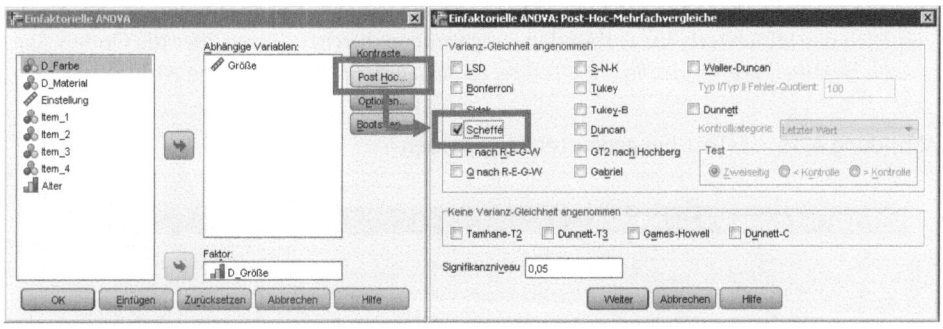

Quelle: SPSS Statistics.

Im Ergebnisoutput liegt das Augenmerk nun auf der Darstellung dieser Post Hoc-Tests, welche Auskunft über den Unterschied der einzelnen Testgruppen gibt. Die Signifikanzen der Mehrfachvergleiche geben an, ob die einzelnen Faktorstufen als voneinander verschieden wahrgenommen werden und sollten den Wert von 0,05 unterschreiten. Nur wenn dies der Fall ist, war die Manipulation im Hinblick auf diesen Einflussfaktor erfolgreich. Im vorliegenden Beispiel (siehe **Abbildung 4.14**) führt die Faktorstufe 2 zu einem signifikant größeren Mittelwert als die Faktorstufe 0 (p=.000). Zwischen Faktorstufe 1 und Faktorstufe 0 ist dieser Unterschied lediglich auf dem 10% Niveau signifikant (p=.093).

Ist nur eine der drei oder mehr Stufen signifikant von den anderen verschieden, so sollte eine Zusammenfassung der anderen Testgruppen in Erwägung gezogen werden. Im Ergebnisoutput der **Abbildung 4.14** sind nur 2 Faktorstufen auf dem entsprechenden Niveau signifikant voneinander verschieden. Gruppe 0 und 1 könnten zusammengefasst werden.

Abbildung 4.14 Output der einfaktoriellen ANOVA und Post-Hoc-Tests

Mehrfachvergleiche

Größe
Scheffé-Prozedur

(I) D_Größe	(J) D_Größe	Mittlere Differenz (I-J)	Standardfehler	Signifikanz	95%-Konfidenzintervall	
					Untergrenze	Obergrenze
0	1	-1,250	,500	,093	-2,71	,21
	2	-3,750	,500	,000	-5,21	-2,29
1	0	1,250	,500	,093	-,21	2,71
	2	-2,500	,500	,003	-3,96	-1,04
2	0	3,750	,500	,000	2,29	5,21
	1	2,500	,500	,003	1,04	3,96

Quelle: SPSS Statistics.

Wurde den Probanden im Experiment nicht nur jeweils ein Zustand vorgeführt (Between-Subject-Design), sondern kam vielmehr ein sogenanntes Within-Subject-Design zum Einsatz, sprich jeder Proband durchlief jede Ausprägungsform der Manipulation, so ist der Vergleich der Mittelwerte für verbundene Stichproben durchzuführen über die Option *Analysieren* → *Mittelwerte vergleichen* → *t-Test bei verbundenen Stichproben* (siehe **Abbildung 4.15**).

Abbildung 4.15 T-Test bei gepaarten Stichproben

Quelle: SPSS Statistics.

Voruntersuchungen zur Varianzanalyse

Als Datensatz zur Durchführung dieses Manipulation Checks ist jedoch nicht der gemeinsame Datensatz aller Szenarios zu nutzen. Vielmehr sollte für jedes Szenario, also für jede Ausprägungsstufe eines Faktors, eine eigenständige Variable vorliegen. Jeder Proband hat somit im folgenden Beispiel drei verschiedene Fitwerte beurteilt: Fit_1, Fit_2 sowie Fit_3. Zur Überprüfung der Manipulation ist dann sowohl für Faktoren mit zwei Ausprägungen als auch für Faktoren mit drei Ausprägungen jede möglich Kombination dieser als direkter Vergleich im Eingabefeld zu paaren. Zur weiteren varianzanalytischen Auswertung sind die verschiedenen abhängigen Variablen dann wieder zu einer Variable zusammenzuführen und über eine entsprechend kodierte Dummy-Variable zu kennzeichnen. Liegen beispielsweise 200 Probanden vor, die jeweils alle 3 Fitstufen durchlaufen haben, so entstehen dadurch 600 Datenreihen zum Manipulation Check.

Abbildung 4.16 Output des t-Tests bei gepaarten Stichproben

Statistik bei gepaarten Stichproben

		Mittelwert	N	Standardabweichung	Standardfehler des Mittelwertes
Paaren 1	Fit_1	2,83	12	1,528	,441
	Fit_2	3,83	12	1,467	,423
Paaren 2	Fit_2	3,83	12	1,467	,423
	Fit_3	5,58	12	1,084	,313
Paaren 3	Fit_3	5,58	12	1,084	,313
	Fit_1	2,83	12	1,528	,441

Korrelationen bei gepaarten Stichproben

		N	Korrelation	Signifikanz
Paaren 1	Fit_1 & Fit_2	12	,068	,835
Paaren 2	Fit_2 & Fit_3	12	,639	,025
Paaren 3	Fit_3 & Fit_1	12	,009	,977

Test bei gepaarten Stichproben

		Gepaarte Differenzen					T	df	Sig. (zweiseitig)
		Mittelwert	Standardabweichung	Standardfehler des Mittelwertes	95% Konfidenzintervall der Differenz Untere	95% Konfidenzintervall der Differenz Obere			
Paaren 1	Fit_1 - Fit_2	-1,000	2,045	,590	-2,299	,299	-1,694	11	,118
Paaren 2	Fit_2 - Fit_3	-1,750	1,138	,329	-2,473	-1,027	-5,326	11	,000
Paaren 3	Fit_3 - Fit_1	2,750	1,865	,538	1,565	3,935	5,109	11	,000

Quelle: SPSS Statistics.

Im Ausgabefenster erscheint dann der folgende Output, in welchem vor allem die Signifikanzen in der letzten Spalte der Tests bei gepaarten Stichproben von Interesse sind. Liegen diese allesamt unter dem Niveau von 5%, war die Manipulation des Einflussfaktors erfolgreich. In dem gewählten Beispiel gelang die Manipulation nicht. Der Ergebnisoutput in

Abbildung 4.16 zeigt, dass eine Zusammenfassung von Fit_1 und Fit_2 zu einer Kategorie Sinn macht.

4.3.2.3 Notwendigkeit und Verarbeitung

Liegt eine Manipulation von nur zwei Umweltzuständen mit zwei gegensätzlichen Ausprägungen vor, so ist ein Manipulation Check nicht unbedingt notwendig. Falls eine Steigerung des Unterschiedes der beiden Ausprägungen theoretisch nicht mehr möglich ist, so liegt dabei ein sogenanntes natürliches Gegensatzpaar vor. Das natürliche Gegensatzpaar kann dann als maximal mögliche Manipulation angesehen werden, auch wenn ein entsprechender Manipulation Check negativ ausfällt.[145] Zu bewerten ist dieses negative Resultat dann als Wahrnehmungsverzerrung der Probanden, welche sich auch unter realen Bedingungen nicht ausschließen lässt. Ebenso können bestimmte Umweltzustände, wie das Geschlecht der Probanden, nicht manipuliert werden, unabhängig vom womöglich negativen Ausgang eines durchgeführten Manipulation Checks. Die Manipulation des entsprechenden Sachverhaltes kann in diesen Fällen dennoch als erfolgreich, da gegensätzlich, angesehen werden. War eine geplante Manipulation im Datensatz nicht einmal auf einem Signifikanzniveau von 10% erfolgreich, so muss davon ausgegangen werden, dass die verschiedenen Faktorstufen keinen unterschiedlichen Einfluss auf die abhängige Variable haben. In diesem Fall bieten sich drei Möglichkeiten an. Die einfachste Möglichkeit stellt die Ignorierung des negativen Manipulation Checks dar. In diesem Fall wird ganz normal weiter vorgegangen und das negative Ergebnis spielt erst später bei der Interpretation der Ergebnisse eine Rolle. Da jedoch jede Interpretation eines Effektes, welcher die misslungene Manipulation als Bestandteil hat, auf sehr wackligen Beinen steht, ist von dieser Methode im Regelfall abzuraten.

Die erste Alternative stellt die Rechtfertigung dar, welche ebenfalls ein normales weiteres Vorgehen mit sich bringt. Dabei wird davon ausgegangen, dass die Manipulation sehr wohl erfolgreich war, lediglich die Abfrage dieser bei den Probanden nicht gelingen konnte. Beispielsweise kann die Manipulation des Involvements mit den Zielzuständen hoch und niedrig involvierter Probanden durchaus gegriffen haben, wenngleich die Probanden alle im Manipulation Check angeben, während der Befragung hoch involviert gewesen zu sein. Eine ehrliche Antwort der Probanden ist dabei unter Umständen selbst bei tatsächlich niedrigem Involvement nicht zu erwarten. Ebenso können unter anderen Umständen Manipulationen nicht immer von den Probanden erkannt und wiedergegeben werden, obwohl im Vorhinein erfolgreich manipuliert wurde. Eine theoretische Untermauerung dieser Vermutung ist dabei unerlässlich.

Die wohl schwierigste, wenn auch wissenschaftlich korrekteste Alternative stellt die Änderung des Untersuchungsdesigns dar. Dabei kann zum einen eine Änderung des Modells derart erfolgen, dass Variablen mit misslungener Manipulation im Untersuchungsmodell keine Berücksichtigung mehr erfahren. Eine entsprechende Größe des Datensatzes sowie eine hohe Anzahl weiterer erfasster Variablen sind hierfür jedoch von Nöten. Zum ande-

---

[145] Vgl. Eschweiler/Evanschitzky/Woisetschläger (2007), S. 9.

ren kann der Untersuchungsleiter von einer *a-priori-Manipulation* auf eine *a-posteriori-Einteilung* wechseln. Dabei werden die manipulierten Szenarien zunächst ignoriert und die Probanden im Hinblick auf die Ausprägung der Variablen neu zugeteilt. Somit könnte beispielsweise mit einer misslungenen Manipulation des Involvements derart umgegangen werden, dass die Einteilung der Probanden anhand der Bewertung der Checkvariablen neu in hoch und niedrig involvierte Gruppen erfolgt. Aufgrund der zufälligen Zuteilung zu den Szenarien sollten dann allerdings die Zellengrößen besondere Beachtung im Rahmen der folgenden Prämissenüberprüfung finden.

4.3.3 Prämissenüberprüfung

Vor der Durchführung einer Varianzanalyse müssen zunächst einige statistische Annahmen als Voraussetzung dieses Verfahrens eine Überprüfung erfahren. Dabei lässt sich insbesondere für multivariate Varianzanalysen sowie für Kovarianzanalysen eine Vielzahl von Prämissen identifizieren, während die einfache ANOVA nur an einige wenige Annahmen gekoppelt ist. Die folgende **Tabelle 4.4** gibt zunächst eine Übersicht über die Prämissen von ANOVA, MANOVA und ANCOVA, bevor diese im Folgenden näher erläutert werden.

Tabelle 4.4   Prämissen der Varianzanalyse

	Prämisse	Prüfungsmethode	Verletzung heilbar über
ANOVA	Keine Ausreißer	Plausibilitätsprüfung der Einträge bei offenen Skalen	Eliminierung von Probanden
	Randomisierte Gruppenzuordnung	(ex ante festgelegt)	Muss im Vorhinein sichergestellt werden
	Gruppengröße > 20	Sichtung des Datensatzes	Muss im Vorhinein sichergestellt werden
	Varianzhomogenität	Levene-Test	Gleichbesetzung der Zellen
	Normalverteilung	Kolmogorov-Smirnov-Test	Gleichbesetzung der Zellen
MANOVA (zusätzlich)	Korrelationen zwischen abh. Variablen	Signifikanzprüfung über Pearson`s R2	Anwendung mehrerer unabhängiger ANOVAs
	Keine Multikollinearität zwischen abh. Variablen	Prüfung des VIF	Eliminierung von abhängigen Variablen
	Multivariate Normalverteilung	Nicht ganzheitlich prüfbar, hilfsweise nur univariate NV	Gleichbesetzung der Zellen

	Prämisse	Prüfungsmethode	Verletzung heilbar über
ANCOVA (zusätzlich)	Keine Beeinflussung der Kovariablen durch experimentelle Anordnung	Plausibilität	
	Kovariable auf intervallskaliertem Datenniveau	(ex ante festgelegt)	
	Korrelation der Kovariablen mit abhängigen Variablen	Signifikanzprüfung über Pearson`s R2	
	Keine Interaktion zwischen Kovariable und Faktor	Multiple Regressionsanalyse	
	Homogenität der Regressionskoeffizienten	Regressionsanalyse	Gleichbesetzung der Zellen

Quelle: In Anlehnung an Eschweiler/Evanschitzky/Woisetschläger (2007), S. 13.

4.3.3.1 Prämissen der ANOVA

Da Ausreißer die Varianz einer Stichprobe stark beeinflussen, ist die ANOVA als varianzanalytisches Verfahren in ihren Ergebnissen sehr sensitiv gegenüber solchen Ausreißern.[146] Die Problematik rückt lediglich dann etwas in den Hintergrund, wenn bei der Beantwortung des Fragebogens eine geschlossene Skala zum Einsatz kommt. Ausreißer zu Extremwerten oder unplausiblen Werten sind in diesem Fall nicht möglich. Bei großen Stichprobenumfängen gleichen sich extreme Werte zudem innerhalb von geschlossenen Skalen weitgehend aus. Die Gefahr absoluter Ausreißer und offensichtlich unsinniger Antworten, die offene Skalen mit sich bringen, ist dann von vornherein nicht gegeben und eine Elimination einzelner Probanden somit nicht nötig. Kommen offene Skalen im Fragebogen zum Einsatz, so müssen extreme Ausreißer in den Antworten der Probanden eliminiert werden. Zur Identifikation unplausibler und unsinniger Antworten eignet sich ein entsprechendes Streudiagramm.

Damit keine ungewollten Effekte in den Gruppen des Experiments auftauchen, sollte die Zuteilung der Probanden zu den einzelnen Testgruppen zufällig erfolgen. Bei internetbasierten Studien kann dies durch eine einfache Zufallszuteilung sichergestellt werden. Aber auch bei telefonischen und schriftlichen Befragungen sollte keine bewusste Zuteilung erfolgen. Die in der Literatur meist erwähnte Mindestzahl von 20 Probanden pro Gruppe sollte in jedem Fall überschritten werden, 30 Probanden oder mehr pro Zelle sind empfehlenswert.[147]

Die Analyse der Ausreißer besitzt auch deshalb hohe Relevanz, weil Varianzhomogenität und Normalverteilung die beiden zentralen Annahmen der Varianzanalyse sind. Die Auswirkungen einer Verletzung beider Annahmen können von Vornherein relativiert

---

[146] Vgl. Tabachnick/Fidell (2006), S. 330.
[147] Vgl. Eschweiler/Evanschitzky/Woisetschläger (2007), S. 7.

werden, wenn die Zellen der einzelnen Testgruppen alle etwa gleich groß sind und die Stichprobe umfangreich ist. In diesem Fall erweist sich die Varianzanalyse als besonders robust gegen Schätzfehler.[148] Dabei gilt als Maßgabe, dass das Verhältnis zwischen größter und kleinster Gruppe den Wert 1,5 nicht überschreiten sollte.[149] Liegen die Gruppengrößen alle zwischen 20 und 30 Probanden kann somit von gleichgroßen Gruppen ausgegangen werden (30/20=1,5). Während dies bei a priori manipulierten Versuchsanordnungen durchaus zu erreichen ist, können bei a posteriori eingeteilten Gruppen zuweilen große Gruppengrößenunterschiede bestehen. Ist dies der Fall, so müssen Probanden aus stark besetzten Gruppen nach dem Zufallsprinzip eliminiert werden, bis das Verhältnis von maximal 1,5 zwischen größter und kleinster Gruppe erreicht ist und eine mögliche Prämissenverletzung folgenlos bleibt.[150] Eine Prüfung beider Prämissen sollte dennoch, unabhängig von der Besetzung der Zellen geschehen. Der Levene-Test auf Varianzhomogenität ist bei der Durchführung der Varianzanalyse als zusätzliche Option auswählbar und soll daher im folgenden Kapitel 4 Beachtung finden.

Um die *zellenweise univariate Normalverteilung* zu überprüfen müssen über die Option *Daten → Fälle auswählen* Einschränkungen getroffen werden, sodass jeweils immer nur die Datenreihen genau eines Szenarios, also einer Zelle, ausgewählt sind. Statt der Auswahl *Alle Fälle* sollte nun über die Option *Falls Bedingung zutrifft* mithilfe geeigneter Formeln die Auswahl des jeweiligen Szenarios getroffen werden. So würde die Bedingung *FARBE = 1 & MATERIAL = 0* genau diejenigen Probanden filtern, die sich dadurch charakterisieren lassen, dass bei Dummy-Variablen der Farbe die Ausprägung 1 und bei der Dummy-Variablen des Materials die Ausprägung 0 steht. In der Datenansicht ist daraufhin zu sehen, dass alle nicht ausgewählten Fälle in der Nummernspalte am linken Bildschirmrand durchgestrichen werden. Für jede mögliche Kombination der Faktorstufen muss dann ein separater Test auf Normalverteilung durchgeführt werden, um eine zellenweise univariate Normalverteilung zu überprüfen. Hierzu ist die Option *Analysieren → Nichtparametrische Tests → Eine Stichprobe* auszuwählen. Unter *Einstellungen* ist die Option *Tests anpassen* sowie der *Kolmogorov-Smirnov-Test* (K-S-Test) auszuwählen. Unter *Optionen* sollte das Häkchen bei *Normal* gesetzt werden. **Abbildung 4.17** zeigt das entsprechende Auswahlfenster.

---

[148] Vgl. Bray/Maxwell (1985), S. 34; Perreault/Darden, 1975, S. 334.
[149] Vgl. Stevens (2002), S. 92.
[150] Vgl. Glaser (1978), S. 165.

Abbildung 4.17 Kolmogorov-Smirnov-Test auf Normalverteilung

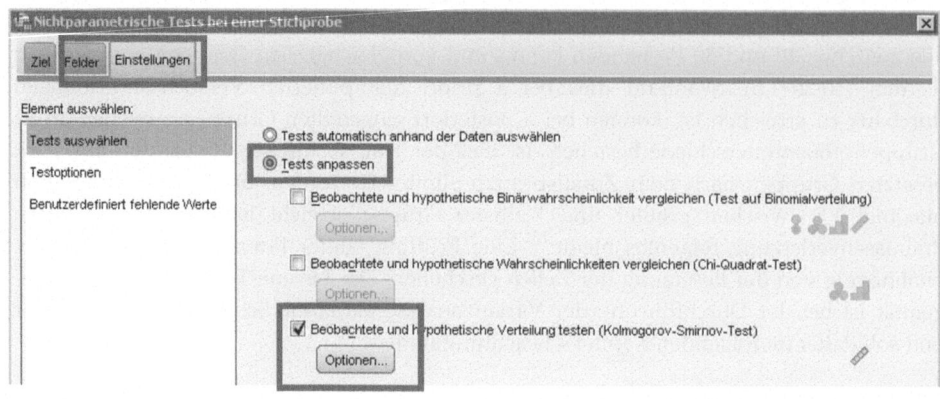

Quelle: SPSS Statistics.

Abbildung 4.18 Output des Kolmogorov-Smirnov-Tests

Übersicht über Hypothesentest

	Nullhypothese	Test	Sig.	Entscheidung
1	Die Verteilung von Einstellung ist normal mit Mittelwert 4.81 und Standardabweichung 1.40.	Kolmogorov-Smirnov-Test einer Stichprobe	,980	Nullhypothese behalten.
2	Die Verteilung von Größe ist normal mit Mittelwert 4.17 und Standardabweichung 1.75.	Kolmogorov-Smirnov-Test einer Stichprobe	,454	Nullhypothese behalten.
3	Die Verteilung von Kaufabsicht ist normal mit Mittelwert 4.42 und Standardabweichung 1.78.	Kolmogorov-Smirnov-Test einer Stichprobe	,191	Nullhypothese behalten.
4	Die Verteilung von Loyalität ist normal mit Mittelwert 3.67 und Standardabweichung 1.37.	Kolmogorov-Smirnov-Test einer Stichprobe	,797	Nullhypothese behalten.

Asymptotische Signifikanzen werden angezeigt. Das Signifikanzniveau ist ,05.

Quelle: SPSS Statistics.

Das Outputblatt dieses Tests zeigt eine Tabelle, in welcher die Prüfung auf Normalverteilung für sämtliche metrisch skalierten Variablen vorgenommen wird. Es interessieren dabei jedoch nur die abhängigen Variablen, welche *keine* Werte unter dem Signifikanzniveau von 0,05 aufweisen sollten. Da die Nullhypothese beim K-S-Test das Vorhandensein einer Normalverteilung postuliert, führt hier eine Nichtablehnung von H0 zur Bestätigung der Prämisse. Der *Schriftzug Nullhypothese behalten* zeigt an, dass Normalverteilung für eine Variable vorliegt. **Abbildung 4.18** den Output in SPSS.

4.3.3.2 Zusätzliche Prämissen der MANOVA

Bei der multivariaten Varianzanalyse (MANOVA) gilt es zusätzlich zu den bisher überprüften Prämissen, die Korrelationen zwischen den abhängigen Variablen zu beachten. Um die Durchführung einer MANOVA zu rechtfertigen, muss eine gewisse Korrelation zwischen den abhängigen Variablen vorliegen, welche über Pearson`s R^2 zu überprüfen ist. Dieser Korrelationskoeffizient lässt sich über die Option *Analysieren* → *Korrelationen* → *Bivariat* ermitteln. Sämtliche voreingestellten Optionen können hier beibehalten werden, sodass nur alle abhängigen Variablen auszuwählen sind. **Abbildung 4.19** zeigt das Auswahlfenster mit den eingestellten Optionen. Alternativ eignet sich die in Kapitel 3.1 beschriebene deskriptive Auswertung zur Überprüfung der Korrelationen.

Abbildung 4.19 Korrelationen zwischen den abhängigen Variablen

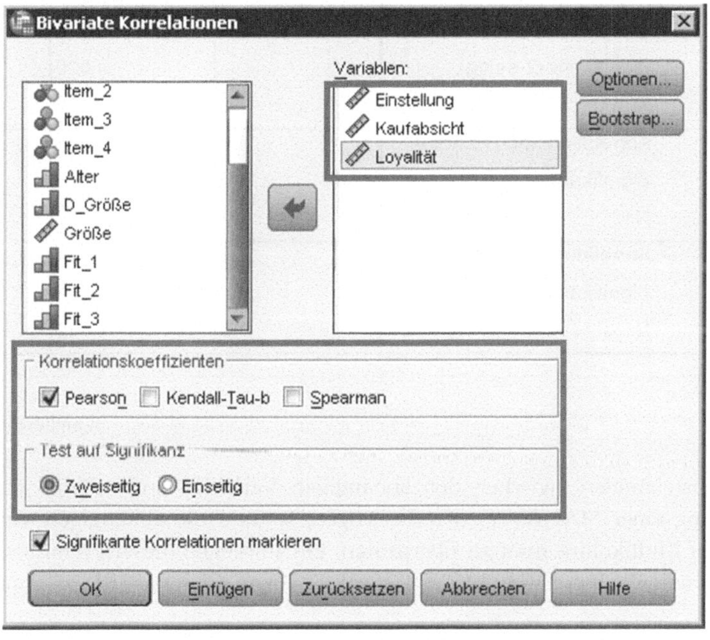

Quelle: SPSS Statistics.

Die Korrelationen zwischen den abhängigen Variablen sollten einen Wert von etwa 0,6 überschreiten. Darüber hinaus ist vor allem auf die Signifikanz der Korrelation zu achten, welche sich unterhalb der Korrelationskoeffizienten im Output ablesen lassen. Erfüllen die Korrelationen diese Bedingungen nicht, so ist von der Durchführung einer multivariaten Varianzanalyse abzusehen. Stattdessen sind dann einzelne ANOVAs für jede abhängige Variable zielführend.[151] Sind die abhängigen Variablen jedoch hoch miteinander korreliert, so ist neben der Durchführung einzelner ANOVAs auch die Durchführung einer MANOVA möglich, welche dann zunächst den Einfluss der unabhängigen Variablen auf alle gemeinsam abhängigen Variablen misst.

Abbildung 4.20 zeigt Ergebnisblatt der Korrelationsprüfung in SPSS. Der markierte Zusammenhang zwischen den abhängigen Variablen Kaufabsicht und Loyalität ist auf dem 1% Niveau signifikant und weist einen Korrelationskoeffizient von 0,732 auf, welcher den Mindestwert von 0,6 überschreitet. Alternativ zu dieser Vorgehensweise kann auch ein t-Test für verbundene Stichproben zwischen den abhängigen Variablen durchgeführt werden. Das Outputblatt dieser Vorgehensweise zeigt ebenfalls, ob ein hinreichender bivariater Zusammenhang zwischen den interessierenden Zielgrößen besteht.

Abbildung 4.20 Output der Korrelationsprüfung

Korrelationen

		Einstellung	Kaufabsicht	Loyalität
Einstellung	Korrelation nach Pearson	1	,216	,201
	Signifikanz (2-seitig)		,500	,531
	N	12	12	12
Kaufabsicht	Korrelation nach Pearson	,216	1	,732
	Signifikanz (2-seitig)	,500		,007
	N	12	12	12
Loyalität	Korrelation nach Pearson	,201	,732	1
	Signifikanz (2-seitig)	,531	,007	
	N	12	12	12

Quelle: SPSS Statistics.

Sind die Korrelationen zwischen den abhängigen Variablen ausreichend groß, um die Durchführung einer MANOVA zu rechtfertigen, so sind die abhängigen Variablen des Weiteren auf Multikollinearität zu überprüfen. Ein Vorliegen dieser Prämissenverletzung ist zu vermuten, wenn der Varianzinflationsfaktor Werte größer als 10 annimmt.[152] Errech-

---

[151] Vgl. Eschweiler/Evanschitzky/Woisetschläger (2007), S. 10.
[152] Vgl. Fahrmeir/Lang/Kneip (2009), S. 171.

net werden kann dieser anhand der zuvor bestimmten Korrelationskoeffizienten mit der Formel: $VIF_i = 1 / 1 - R_i^2$, wobei R_i^2 den jeweiligen Korrelationskoeffizienten bezeichnet. Sollte tatsächlich Multikollinearität auftreten, so sind die abhängigen Variablen einander zu ähnlich und die Eliminierung einzelner abhängiger Variablen ist notwendig. Im Folgenden sind dann die Prämissen der MANOVA erneut zu überprüfen.

Eine multivariate Normalverteilung hingegen kann nicht direkt in SPSS erfolgen. Ein Test hierfür wurde auch für andere Statistikprogramme noch nicht entwickelt, weshalb hilfsweise nur die Überprüfung zellenweiser univariater Normalverteilung erfolgen kann. Diese sollte zu diesem Zeitpunkt bereits im Rahmen der Annahmen der ANOVA durchgeführt und gegebenenfalls durch die Gleichbesetzung aller Zellen erreicht worden sein.

4.3.3.3 Zusätzliche Prämissen der ANCOVA

Die Einbeziehung einer Kovariablen in das Untersuchungsmodell sollte in Betracht gezogen werden, um den Einfluss weiterer Störgrößen im Experiment zu neutralisieren.[153] So kann es neben den untersuchten Faktoren Merkmale geben, die das Antwortverhalten der Probanden beeinflussen, wie beispielsweise die bisherige Einstellung gegenüber einer untersuchten Marke. Der Einfluss dieser Störgröße wird in einer ANCOVA daher regressionsanalytisch herausgerechnet, bevor die Mittelwerte der einzelnen Experimentalgruppen verglichen werden. Voraussetzung ist, dass diese Kovariable nicht durch die experimentelle Anordnung beeinflusst wird. So ist beispielsweise das Alter der Probanden als Kovariable unzulässig, falls das Experiment mit Gruppen wie Studenten oder Rentnern arbeitet. Die Kovariable muss zudem mindestens intervallskaliertes Datenniveau aufweisen, um eine regressionsbasierte Neutralisierung des Einflusses dieser Störgröße zu ermöglichen. Auch ein metrisches Datenniveau der Kovariablen ist möglich, lediglich kategorielle Kovariablen in Form von Nominalskalen können in der ANCOVA keine Berücksichtigung finden. Die Berücksichtigung einer Kovariablen setzt außerdem voraus, dass diese nachweislich als störender Einfluss in der Varianzanalyse vorliegt. Dies kann anhand der Korrelation zwischen der Kovariable und der abhängigen Variable sichergestellt werden, welche auf einem Niveau von 5% als signifikant sein sollte. Nur unter Vorhandensein einer solchen signifikanten Korrelation ist eine Bereinigung von systematischen Fehlern durch den Einfluss von Störgrößen möglich.[154] Zur Korrelationsanalyse kann erneut das in Kapitel 3.3.2 beschriebene Verfahren angewandt werden.

Eine weitere Prämisse der ANCOVA betrifft den Zusammenhang von Kovariable und den Einflussfaktoren des Experiments. Besteht zwischen den unabhängigen Variablen und der Kovariablen eine interaktive Wirkung auf die abhängige Variable, so kann es zu einer Verzerrung der Ergebnisse und somit zu Fehlinterpretationen kommen. Eine gemeinsame Regression aller Einflussfaktoren und Kovariablen auf die abhängige Variable kann Aufschluss darüber geben, ob eine solche interaktive Wirkung vorliegt.[155] Hierzu müssen zu-

---

[153] Vgl. Herrmann/Seilheimer (2000), S. 291.
[154] Vgl. Bortz (2005), S. 371.
[155] Vgl. Eschweiler/Evanschitzky/Woisetschläger (2007), S. 12.

nächst über die Option *Transformieren* → *Variable berechnen* die multiplikativen Interaktionsterme der Kovariablen mit jedem einzelnen Einflussfaktor gebildet werden. Dies geschieht analog zu dem in Kapitel 2.4.2 beschriebene Verfahren zur Erstellung neuer Variablen. Im Anschluss kann über *Analysieren* → *Regression* → *Linear* die Eingabe sämtlicher Einflussfaktoren, Kovariablen und Interaktionsterme erfolgen. Als abhängige Variable dient die Zielgröße der Varianzanalyse. Bei der Berücksichtigung einer Kovariablen in einer multivariaten Varianzanalyse ist dieser Schritt für jede abhängige Variable einzeln durchzuführen. **Abbildung 4.21** zeigt das Auswahlfenster sowie die eingegebenen Variablen.

Abbildung 4.21 Interaktive Wirkung der Kovariablen mittels Regressionsanalyse

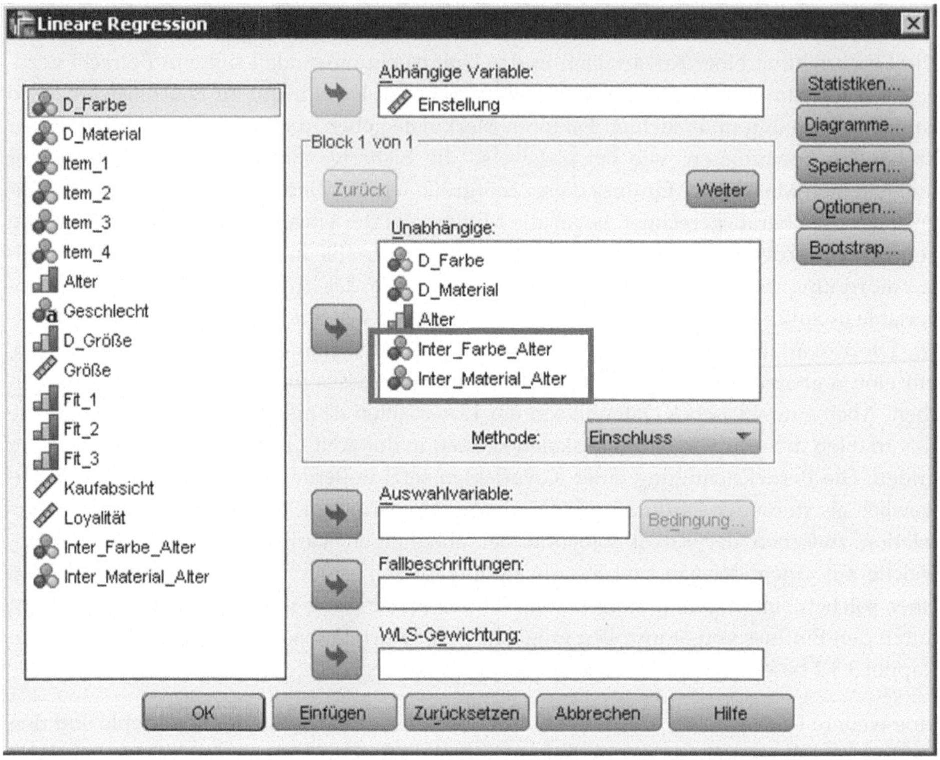

Quelle: SPSS Statistics.

Im Output-Blatt dieser Regressionsanalyse interessieren vor allem die Signifikanzen der Interaktionsterme zwischen den Kovariablen und den Einflussfaktoren. Nur solange diese Interaktionsterme *keine* signifikante Wirkung auf die abhängigen Variablen ausüben, darf die Kovariable bei der Auswertung Berücksichtigung finden. Die in **Abbildung 4.22** dargestellten Interaktionsterme sind in beiden Fällen größer als 0,05 und damit nicht signifikant. Damit ist diese Voraussetzung erfüllt, die Kovariable eignet sich somit zur weiteren Analyse.

Eine weitere Prämisse der ANCOVA betrifft den Einfluss der Kovariablen auf die Experimentalgruppen, welche für eine unverzerrte Auswertung homogen sein soll.[156] Um Homogenität der Experimentalgruppe zu prüfen, gilt es, die Daten der Gruppen nacheinander einzeln auszuwählen und jeweils eine Regression der abhängigen Variablen auf die Kovariable durchzuführen. Nur wenn die entsprechenden Koeffizienten in Signifikanz und Größenordnung einheitlich sind, kann von Homogenität der Kovariablen über die Experimentalgruppen ausgegangen werden. Erfüllt der Datensatz nicht die Annahmen zur Normalverteilung sowie zur Varianzhomogenität hilft möglicherweise eine Gleichbesetzung der einzelnen Teilnehmergruppen. Auch hier dient, wie zuvor beschrieben, der Faktor 1,5 als maximal zulässiger Größenunterschied zwischen kleinster rund größter Experimentalgruppe. Dient die Kovariable lediglich zum Bereinigen eines störenden Einflusses, so kann bei einer Gleichbesetzung der Teilnehmergruppen mit der Auswertung in Kapitel 4 fortgefahren werden, selbst wenn die Koeffizienten nicht homogen sind. Eine Interpretation des Regressionskoeffizienten der Kovariablen kann in diesem Fall jedoch nicht erfolgen. Soll dieser auch inhaltlich interpretiert werden, so ist die Homogenität der Koeffizienten über alle Experimentalgruppen erforderlich.

Abbildung 4.22 Output der Regression zur Prüfung der Kovariablen

Koeffizienten[a]

Modell		Nicht standardisierte Koeffizienten		Standardisierte Koeffizienten	T	Sig.
		Regressionskoeffizient B	Standardfehler	Beta		
1	(Konstante)	1,689	2,522		,670	,528
	D_Farbe	4,107	2,853	1,529	1,439	,200
	D_Material	1,834	3,981	,683	,461	,661
	Alter	,072	,067	,644	1,060	,330
	Inter_Farbe_Alter	-,079	,078	-1,138	-1,008	,352
	Inter_Material_Alter	-,059	,113	-,776	-,522	,620

Quelle: SPSS Statistics.

Zuletzt gilt es zu beachten, dass die maximale Anzahl von Kovariablen durch Stichprobengröße und Experimentalgruppen limitiert ist. *Rinkenburger* empfiehlt zur Berechnung dieser maximalen Anzahl von Kovariablen (mAK) die folgende Formel:

mAK = (0,1 * Stichprobengröße) − (Anzahl der Experimentalgruppen − 1)[157]

---

[156] Vgl. Tabachnick/Fidell (2006), S. 330.
[157] Vgl. Rinkenburger (2009), 506.

4.4 Durchführung einer (M)AN(C)OVA

4.4.1 Durchführung und Identifikation signifikanter Effekte

Um nun die Varianzanalyse und Kovarianzanalyse durchzuführen, sind folgende Auswahlfelder in SPSS anzuklicken: *Analysieren* → *Allgemeines lineares Modell* → *Univariat* bzw. *Analysieren* → *Allgemeines lineares Modell* → *Multivariat*. In beiden Fällen sind die relevanten Auswahloptionen identisch, weshalb hier zur Erklärung der Einstellungen nur auf den Fall der multivariaten Analyse eingegangen wird. Bei der univariaten Analyse kommt lediglich eine abhängige Variable zur Anwendung. Die Vorgehensweise ist für den Fall mehrerer abhängiger Größen aber gleich. Ist der Forscher nunmehr im Menü *Multivariat*, öffnet sich das Eingabefenster in **Abbildung 4.23**, in dem die berücksichtigten Einflussfaktoren (generierte Dummyvariablen) als *feste Faktoren*, die untersuchten *abhängigen Variablen* (Durchschnittswerte der Items) sowie mögliche *Kovariablen* einzugeben sind. Die zusätzlichen Auswahlfelder am rechten Fensterrand werden im Folgenden näher erläutert.

Abbildung 4.23 Durchführung einer Multivariate Varianzanalyse

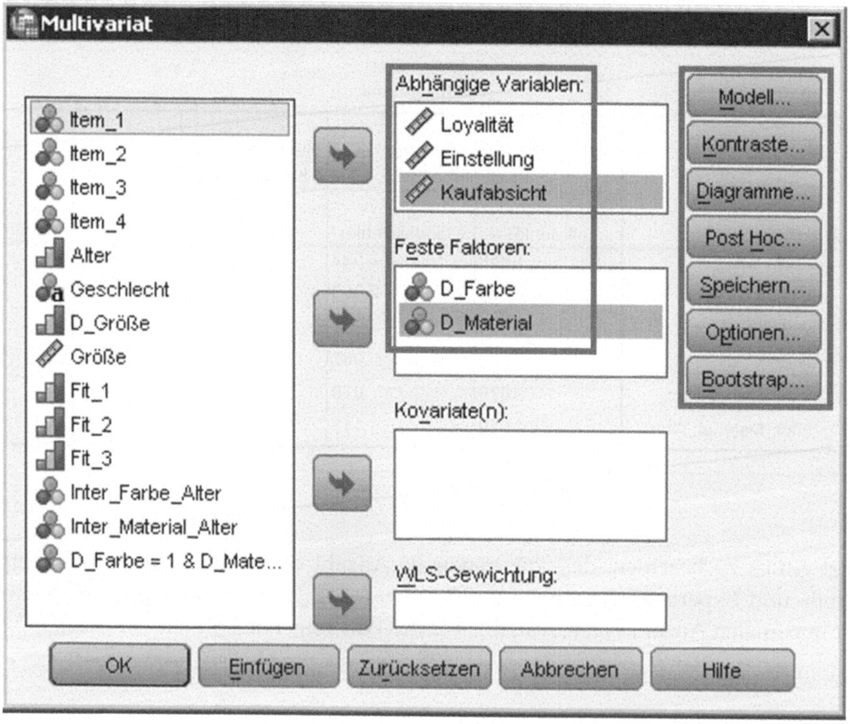

Quelle: SPSS Statistics.

Für die Ermittlung der Homogenität der Varianzen in der Stichprobe muss zudem bei den *Optionen* der *Homogenitätstest* angeklickt werden. Auch die *Schätzer der Effektgröße* sollte man hier auswählen und sich somit später im Output anzeigen lassen. Wenn gewünscht, können hier zudem erneut *deskriptive Statistiken* und frei wählbare *Mittelwerte* innerhalb der Stichprobe angezeigt werden. Alle anderen *Optionen* sind zunächst nicht weiter für eine erste Durchführung der Varianzanalyse relevant. **Abbildung 4.24** zeigt das entsprechende Auswahlfenster. Die drei Optionsfelder *Kontraste, Diagramme* und *Post Hoc* aus **Abbildung 4.23** dienen zur Untersuchung der Wirkungsrichtung der unterschiedlichen Einflussfaktoren. Diese sollten erst nach einer ersten Schätzung der Varianzanalyse Beachtung finden und dienen der Interpretation der Wirkungsrichtung aller als signifikant identifizierter Einflussgrößen. Die beiden Optionsfelder *Modell* und *Speichern* spielen bei komplexeren Analysen eine Rolle und interessieren an dieser Stelle nicht.

Abbildung 4.24 (M)ANOVA Optionen

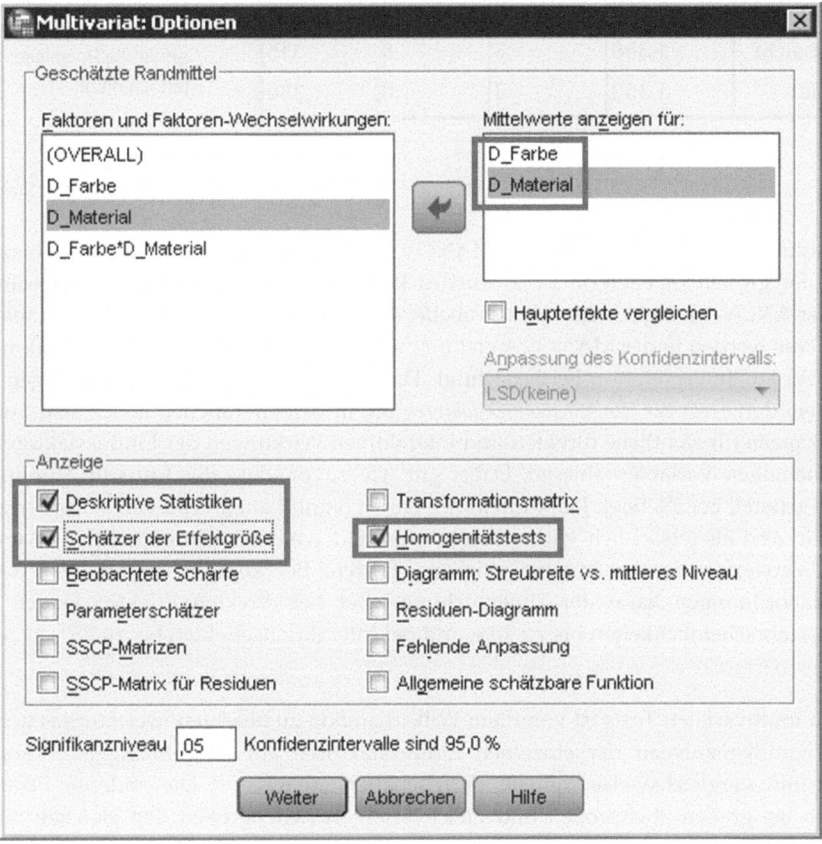

Quelle: SPSS Statistics.

Bei den berechneten Outputgrößen interessieren nun vor allem die Ergebnisse des *Levene-Tests auf Gleichheit der Fehlervarianzen* sowie *Multivariate Tests* und *Tests der Zwischensubjekteffekte*. Mit Hilfe des *Levene-Tests* erfährt die Varianzhomogenität eine Überprüfung. Damit die Prämisse erfüllt ist, darf *keiner* der Signifikanzwerte *kleiner als 0,05* sein, da die Nullhypothese sich auf das Vorliegen von Varianzhomogenität bezieht.

Liegen einige dieser Signifikanzen wie in der folgenden **Abbildung 4.25** des Outputs unter den kritischen 5% so kann die Prämissenverletzung jedoch wie zuvor beschrieben über eine Gleichbesetzung aller Zellen korrigiert werden.

Abbildung 4.25 Levene-Test auf Gleichheit der Fehlervarianzen

Levene-Test auf Gleichheit der Fehlervarianzena

	F	df1	df2	Sig.
Einstellung	3,088	3	8	,090
Kaufabsicht	1,388	3	8	,315
Loyalität	1,333	3	8	,330

Die Variablen Loyalität und Kaufabsicht sind in diesem Fall als varianzhomogen anzusehen. Die Variable Einstellung erfüllt die Prämisse jedoch nicht.

Quelle: SPSS Statistics.

Im Output-Blatt der durchgeführten MANOVA interessiert nun zunächst der obere Teil der beiden großen Tabellen (im SPSS-Ausdruck als *Multivariate Tests* bezeichnet), während bei einer ANOVA lediglich die zweite Tabelle, die *Tests der Zwischensubjektfaktoren* relevant sind. Diese werden in der MANOVA erst im zweiten Schritt, den sogenannten Follow-Up-ANOVAs zur Interpretation berücksichtigt. Die univariate Varianzanalyse dagegen setzt direkt bei den *Tests der Zwischensubjektfaktoren* an. In beiden Tabellen lassen sich nun die Signifikanzen für sämtliche direkten und interaktiven Wirkungen der Einflussfaktoren auf die abhängigen Variablen ablesen. Dabei gilt wie zuvor, dass das kritische Signifikanzniveau generell bei 5% liegt. Jeder Effekt mit einem Signifikanzniveau von 0,05 oder geringer kann also als tatsächlich vorhanden interpretiert werden, während höhere Werte zu einem Verwerfen der vermuteten Wirkung führen. Bei komplizierteren (MANOVA)-Modellanordnungen kann der Untersuchungsleiter bei direkten Effekten jedoch auch Irrtumswahrscheinlichkeiten bis zu 10% und bei Interaktionseffekten bis zu 25% akzeptieren.[158]

Bei den multivariaten Tests ist vor allem Wilks-Lambda zu beachten, welches das gemeinsame Signifikanzniveau der einzelnen Einflussfaktoren auf alle abhängigen Variablen angibt und vergleichsweise robuste Eigenschaften ausweist.[159] Die anderen Prüfmaße nehmen bei großen Stichproben und gleichverteilten Zellengrößen den gleichen Signifi-

---

[158] Vgl. Pedhazur/Schmelkin (1991), S. 731 ff.; Nkwocha et al. (2005), S. 55.
[159] Vgl. Eschweiler/Evanschitzky/Woisetschläger (2007), S. 14.

kanzwert an. Eine Betrachtung von Wilks-Lambda ist daher hinreichend. In **Abbildung 4.26** sind sowohl der direkte Effekt des Faktors Farbe als auch die Interaktion mit dem Faktor Material signifikant von Null verschieden. Somit hat die Farbe einen signifikanten Einfluss auf das Antwortverhalten der Teilnehmer in Bezug auf alle drei abhängigen Variablen (p=.030). Das Material hingegen hat keinen direkten Einfluss auf die abhängigen Variablen (p=.565). Erst in Interaktion mit der Farbe entsteht ein signifikanter Effekt (p=.003).

Abbildung 4.26 Output der multivariaten Tests

Multivariate Tests b

Effekt		Wert	F	Hypothese df	Fehler df	Sig.	Eta-Quadrat
Konstanter Term	Pillai-Spur	,994	326,272	3,000	6,000	,000	,994
	Wilks-Lambda	,006	326,272	3,000	6,000	,000	,994
	Hotelling-Spur	163,136	326,272	3,000	6,000	,000	,994
	Größte charakteristische Wurzel nach Roy	163,136	326,272	3,000	6,000	,000	,994
D_Farbe	Pillai-Spur	,753	6,085	3,000	6,000	,030	,753
	Wilks-Lambda	,247	6,085	3,000	6,000	,030	,753
	Hotelling-Spur	3,042	6,085	3,000	6,000	,030	,753
	Größte charakteristische Wurzel nach Roy	3,042	6,085	3,000	6,000	,030	,753
D_Material	Pillai-Spur	,271	,742	3,000	6,000	,565	,271
	Wilks-Lambda	,729	,742	3,000	6,000	,565	,271
	Hotelling-Spur	,371	,742	3,000	6,000	,565	,271
	Größte charakteristische Wurzel nach Roy	,371	,742	3,000	6,000	,565	,271
D_Farbe * D_Material	Pillai-Spur	,882	15,004	3,000	6,000	,003	,882
	Wilks-Lambda	,118	15,004	3,000	6,000	,003	,882
	Hotelling-Spur	7,502	15,004	3,000	6,000	,003	,882
	Größte charakteristische Wurzel nach Roy	7,502	15,004	3,000	6,000	,003	,882

Quelle: SPSS Statistics.

Betrachtet man im nächsten Schritt die Tests der Zwischensubjekteffekte, so lässt sich feststellen, welche Faktoren die abhängigen Variablen beeinflussen. Dabei werden nur diejenigen Faktoren in Betracht gezogen, die bereits im Rahmen der multivariaten Tests einen signifikanten Einfluss hatten. In **Abbildung 4.27** ist zu entnehmen, dass nur die abhängige Variable Einstellung signifikant beeinflusst wird, und zwar durch den Faktor Farbe (p=.006) sowie den Interaktionsterm zwischen Farbe und Material (p=.001). Die Einflüsse auf die anderen abhängigen Variablen Loyalität und Kaufabsicht hingegen liegen über dem kritischen Niveau von 5% und sind nicht somit nicht signifikant.

Abbildung 4.27 Output der Tests der Zwischensubjekteffekte

Tests der Zwischensubjekteffekte

Quelle	Abhängige Variable	Quadratsumme vom Typ III	df	Mittel der Quadrate	F	Sig.	Partielles Eta-Quadrat
Korrigiertes Modell	Einstellung	18,307	3	6,102	14,646	,001	,846
	Kaufabsicht	6,250	3	2,083	,581	,644	,179
	Loyalität	4,667	3	1,556	,778	,539	,226
Konstanter Term	Einstellung	277,922	1	277,922	667,013	,000	,988
	Kaufabsicht	234,083	1	234,083	65,326	,000	,891
	Loyalität	161,333	1	161,333	80,667	,000	,910
D_Farbe	Einstellung	5,672	1	5,672	13,613	,006	,630
	Kaufabsicht	2,083	1	2,083	,581	,468	,068
	Loyalität	1,333	1	1,333	,667	,438	,077
D_Material	Einstellung	,130	1	,130	,313	,591	,038
	Kaufabsicht	,083	1	,083	,023	,883	,003
	Loyalität	3,000	1	3,000	1,500	,256	,158
D_Farbe * D_Material	Einstellung	12,505	1	12,505	30,013	,001	,790
	Kaufabsicht	4,083	1	4,083	1,140	,317	,125
	Loyalität	,333	1	,333	,167	,694	,020
Fehler	Einstellung	3,333	8	,417			
	Kaufabsicht	28,667	8	3,583			
	Loyalität	16,000	8	2,000			
Gesamt	Einstellung	299,563	12				
	Kaufabsicht	269,000	12				
	Loyalität	182,000	12				
Korrigierte Gesamtvariation	Einstellung	21,641	11				
	Kaufabsicht	34,917	11				
	Loyalität	20,667	11				

Quelle: SPSS Statistics.

Interaktionseffekte gelten in Varianzanalysen aufgrund des höheren Informationsgehalts grundsätzlich als vorrangig vor direkten Effekten.[160] Somit sollten direkte Effekte vor allem dann untersucht werden, wenn sich keine signifikanten interaktiven Effekte zwischen den Einflussgrößen feststellen lassen. Sind interaktive Effekte zwischen zwei oder mehreren Variablen signifikant, so sollten diese zunächst gemeinsam interaktiv Berücksichtigung

---

[160] Vgl. Eschweiler/Evanschitzky/Woisetschläger (2007), S. 14

finden, bevor dann die einzelnen direkten Effekte eine Interpretation erfahren. Wurden alle relevanten interaktiven und direkten Effekte identifiziert, interessiert im dritten Schritt die Wirkungsrichtung der signifikanten Effekte. Hierzu können mit Post-Hoc-Tests, a-priori-Kontrasten und Graphischer Analyse drei alternative Verfahren zum Einsatz kommen. Es folgt im vierten Schritt die Analyse der Effektstärke.

Für eine korrekte Auswertung des Outputs eignet sich eine schrittweise Vorgehensweise, wie sie in **Abbildung 4.28** zum Ausdruck kommt.

Abbildung 4.28 Ablaufschema der Varianzanalyse

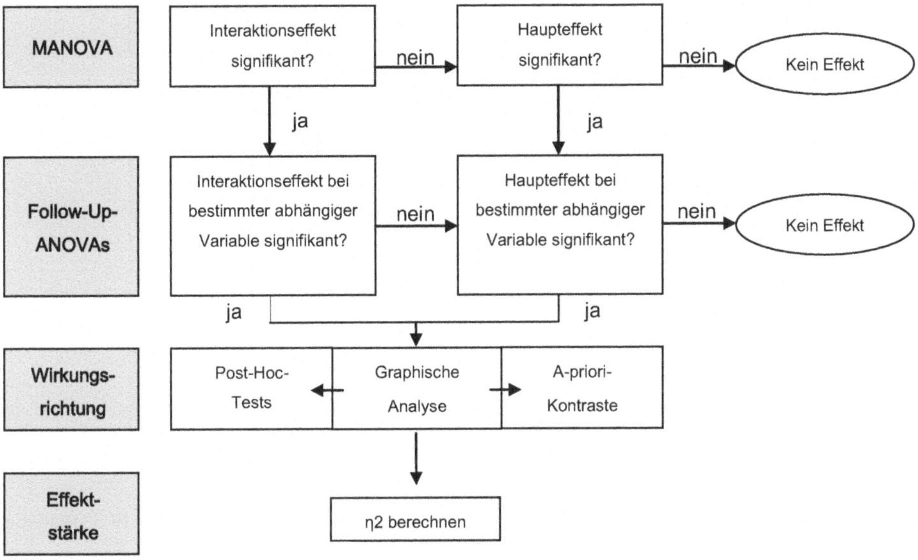

4.4.2 Wirkungsrichtung der signifikanten Effekte

4.4.2.1 Graphische Analyse

Um die Wirkungsrichtung der Effekte zu untersuchen, stellen Post-Hoc-Tests, a-priori-Kontraste und graphische Analysen drei verschiedene Auswertungsmöglichkeiten dar. Die graphische Analyse ist dabei die intuitivste und einfachste Vorgehensweise und sollte im Rahmen von wissenschaftlichen Arbeiten zur Visualisierung zum Einsatz kommen. Die Alternativen der Post-Hoc-Tests und der a-priori-Kontraste können gegebenenfalls zur Verifizierung der in der graphischen Analyse gewonnenen Ergebnisse Anwendung finden. Dabei kann sowohl für direkte Effekte, als auch für zweifache und dreifache Interaktionen eine Graphik bei der Durchführung der MANOVA über die Option *Diagramme* erstellt werden. Hierbei ist je nach Forschungsinteresse festzulegen, welche Achse welche Variable widerspiegeln soll. Vor allem dreifache Interaktionen können leicht zu unübersichtlichen graphischen Darstellungen führen. **Abbildung 4.29** zeigt das entsprechende Auswahlfenster. Über die Pfeile sind zunächst die gewünschten Diagramme zusammenzustellen. Über *Hinzufügen* wird die Auswahl des jeweiligen Diagramms bestätigt.

Abbildung 4.29 Wirkungsrichtung über Diagramme identifizieren

Quelle: SPSS Statistics.

Alle in der abgebildeten Liste hinzugefügten Diagramme werden dann im Output dargestellt. Dabei ist für Interaktionen von Variablen mit mehr als 2 Faktorstufen nicht immer eindeutig zu erkennen, welche dieser Faktorstufen signifikant voneinander abweichen. Jedoch eignet sich die graphische Darstellung von den drei genannten Alternativen am besten dazu, die interaktive Wirkung der Einflüsse zu verstehen und zu interpretieren. Für die direkten Effekte stellen sie meist lediglich eine intuitiv logische Darstellung des vermuteten Sachverhaltes dar. **Abbildung 4.30** zeigt den zuvor als signifikant identifizierten Interaktionseffekt zwischen Farbe (grün und blau) und dem Material (Glas und Plastik) auf die Einstellung gegenüber dem Produkte. Dabei sind die beiden Farben auf der x-Achse abgebildet (0 = Glas, 1 = Plastik) und die Einstellung gegenüber dem Produkt auf der y-Achse (7-Punkt Likert-Skale). Die beiden Farben grün und blau sind als durchgezogene bzw. gestrichelte Linien im Diagramm zu erkennen. Bei der Betrachtung der Graphik sieht man sofort, dass sich die interaktive Wirkung der beiden Einflüsse Farbe und Material wie folgt gestaltet:

- Bei Glasflaschen (0) besteht nur ein geringer Unterschied zwischen der Einstellung der Probanden gegenüber blauer und grüner Variante.
- Bei Plastikflaschen (1) führt eine grüne Farbgebung zu einer wesentlich besseren Einstellung der Probanden als eine blaue Farbwahl.
- Grundsätzlich scheint bei blauen Flaschen das Material Glas und bei grünen Flaschen das Material Plastik zu besseren Einstellungen zu führen.

Grundsätzlich kann zur Betrachtung der Wirkungsrichtung stets auch eine simple Analyse der einzelnen Gruppenmittelwerte erfolgen. Eine graphische Darstellung erleichtert jedoch die Präsentation dieser Ergebnisse. Nach Ermittlung der Wirkungsrichtung ist bei Interaktionseffekten noch genau zu verifizieren, welche der abgebildeten Faktorstufen signifikant voneinander abweichen. In **Abbildung 4.30** kann so zum Beispiel getestet werden, ob die Einstellung gegenüber grünen Plastikflaschen und grünen Glasflaschen voneinander verschieden ist (oder ob der geringe Unterschied auf den Zufall zurückzuführen ist).

Abbildung 4.30 Output eines Profildiagramms

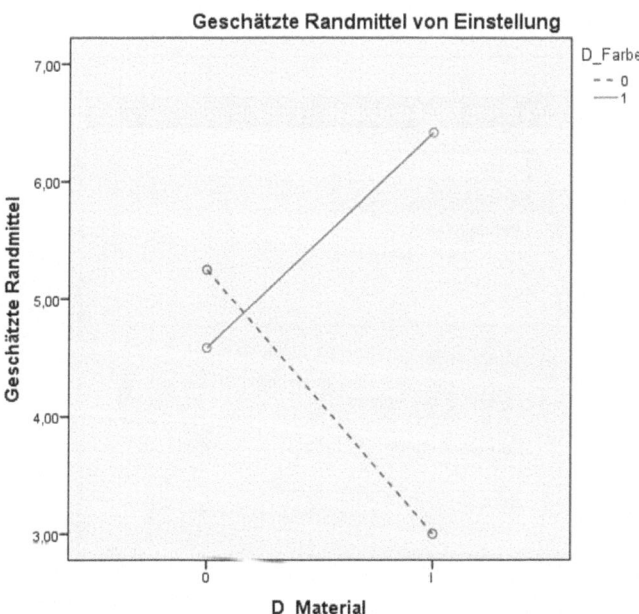

Quelle: SPSS Statistics.

Hierzu ist über die Option *Daten → Fälle auswählen* eine Einschränkung zu treffen, sodass nur Glasflaschen ausgewählt sind (falls... D_Material = 0). Anhand einer *deskriptiven Statistik* der ausgewählten Daten kann der numerische Wert für die in der graphischen Darstellung abgebildeten Punkte bestimmt werden. Im Anschluss dienen dann die über die Option *Analysieren* → *Mittelwerte vergleichen* aufgerufenen Verfahren zum Mittelwertvergleich. Die Vorgehensweise ist identisch mit dem im Rahmen der Manipulation Checks beschriebenen Vorgehensweise zur Identifikation signifikanter Gruppenunterschiede einzelner Merkmalsausprägungen. Beide Schritte können dann analog für Plastikflaschen durchgeführt werden, welche erneut über die Option *Daten* → *Fälle auswählen* auszuwählen sind. Signifikante Unterschiede zwischen den Gruppen sind gegeben, wenn die zum Mittelwertvergleich ermittelte Signifikanz den Wert von 0,05 unterschreitet.

4.4.2.2   A-priori-Kontraste

A-priori-Kontraste bieten dem Forscher die Möglichkeit, detaillierte Untersuchungen über die einzelnen Mittelwerte innerhalb und zwischen den Testgruppen durchzuführen. Dabei sollte der Forscher sich bereits durch eine graphische Analyse einen ersten Eindruck über die Wirkungsrichtung signifikanter Effekte verschafft haben. Im nächsten Schritt muss er die genauer zu quantifizierenden Effekt bestimmen. Im Auswahlfenster gilt es dann festzulegen, für welche Variablen Kontraste gebildet werden und welcher Natur diese sein sollen.

Abbildung 4.31   A-priori-Kontraste

Quelle: SPSS Statistics.

Die einfachste Möglichkeit stellt der Abweichungskontrast dar, welcher den Unterschied zwischen dem Mittelwert einzelner Faktorstufen und dem Gesamtmittelwert angibt. Für die Referenzkategorie, welche auf die erste Faktorstufe voreingestellt ist, wird in diesem Fall kein Kontrastschätzer im Output angegeben. **Abbildung 4.31** zeigt das Auswahlfenster der Kontraste. Um einen genauen Eindruck über die unterschiedlichen Gruppenmittelwerte zu erhalten, bietet SPSS sechs verschiedene Möglichkeiten um Kontraste zu ermitteln. Dabei ist es für das Forschungsinteresse meist jedoch hinreichend, nur den einfachen Abweichungskontrast zu betrachten. Gerade für mehrstufige Faktoren kann jedoch die Anwendung weiterer Kontrastschätzer zusätzliche Erkenntnisse generieren, während bei zweistufigen Faktoren eine Kontrastschätzung ausreicht, um die Wirkungsrichtung eines signifikanten Effektes zur ermitteln.

Die folgende **Tabelle 4.5** gibt einen Überblick über die verschiedenen, zur Auswahl stehenden Kontraste sowie die Möglichkeit der Einstellung einer Referenzkategorie. Über den Knopf *Ändern* können die Kontraste für die jeweiligen Variablen bestätigt werden.

Tabelle 4.5 A-priori-Kontraste im Überblick

Kontrast	Vorgehen
Abweichung	Vergleicht den Mittelwert jeder Faktorstufe (außer bei Referenzkategorien) mit dem Mittelwert aller Faktorstufen (Gesamtmittelwert). Die Stufen des Faktors können in beliebiger Ordnung vorliegen.
Einfach	Vergleicht den Mittelwert jeder Faktorstufe mit dem Mittelwert einer angegebenen Faktorstufe. Dieser Kontrasttyp ist nützlich, wenn es eine Kontrollgruppe gibt. Sie können die erste oder die letzte Kategorie als Referenz auswählen.
Differenz	Vergleicht den Mittelwert jeder Faktorstufe (außer der ersten) mit dem Mittelwert der vorhergehenden Faktorstufen. (Dies wird gelegentlich auch als umgekehrter Helmert-Kontrast bezeichnet).
Helmert	Vergleicht den Mittelwert jeder Stufe des Faktors (bis auf die letzte) mit dem Mittelwert der folgenden Stufen.
Wiederholt	Vergleicht den Mittelwert jeder Faktorstufe (außer der letzten) mit dem Mittelwert der folgenden Faktorstufe.
Polynomial	Vergleicht den linearen Effekt, quadratischen Effekt, kubischen Effekt und so weiter. Der erste Freiheitsgrad enthält den linearen Effekt über alle Kategorien; der zweite Freiheitsgrad den quadratischen Effekt und so weiter. Die Kontraste werden oft verwendet, um polynomiale Trends zu schätzen.

Quelle: in Anlehnung an SPSS Statistics online Hilfe.

Abbildung 4.32 zeigt eine Kontrastschätzung für den Faktor Farbe. Es ist zu erkennen, dass nur der Faktor Farbe einen signifikanten Einfluss auf die abhängige Variable Einstellung ausübt. Der Unterschied zwischen Ausprägungsniveau 1 (blau) und dem Gesamtmittelwert beträgt dabei -0,688. Eine Ausgabe der einzelnen Gruppenmittelwerte sowie des Gesamtmittelwertes ist durch die Option Analysieren → *Mittelwerte vergleichen* → *Einfaktorielle ANOVA* möglich. Wie bereits im Ergebnis der Follow-Up-ANOVAs festgestellt, ist der Einfluss des Faktors Farbe auf die anderen beiden abhängigen Variablen Loyalität und Kaufabsicht nicht signifikant von Null verschieden.

Abbildung 4.32 Output der Kontrastschätzer

Kontrastergebnisse (K-Matrix)

D_Farbe Abweichungskontrast		Abhängige Variable		
		Einstellung	Kaufabsicht	Loyalität
Niveau 1 vs. Mittelwert	Kontrastschätzer	-,688	-,417	-,333
	Hypothesenwert	0	0	0
	Differenz (Schätzung - Hypothesen)	-,688	-,417	-,333
	Standardfehler	,186	,546	,408
	Sig.	,006	,468	,438
	95% Konfidenzintervall für die Differenz Untergrenze	-1,117	-1,677	-1,275
	Obergrenze	-,258	,843	,608

Quelle: SPSS Statistics.

4.4.2.3 Post-Hoc-Tests

Um festzustellen, in welche Richtung ein signifikanter Effekt wirkt, bieten sich zudem sogenannte Post-Hoc-Tests an. Mit deren Hilfe untersucht der Forscher die verschiedenen Gruppenmittelwerte auf signifikante Unterschiede. In einfachster Erscheinungsform ist ein Post-Hoc-Test nichts anderes ein t-Test zum Vergleich von Gruppenmittelwerten. Unterschieden werden muss dabei jedoch nach der Anzahl der untersuchten Faktorstufen (2 oder mehr) und dem Vorliegen von Varianzhomogenität (ja oder nein). Die entsprechenden durchzuführenden Tests sind in **Tabelle 4.6** aufgelistet.

Tabelle 4.6 Post-Hoc-Tests im Überblick

		Varianzhomogenität und Normalverteilung vorliegend	
		Ja	Nein
Anzahl der Stufen	2	T-Test zum Mittelwertvergleich	Brown-Forsythe-Test
	>2	Scheffé-Prozedur	Games-Howell-Test

Solange nur zwei Faktorstufen, deren unterschiedliche Wirkung bereits als signifikant identifiziert wurde, im Hinblick auf ihre Wirkungsrichtung im Mittelpunkt stehen, interessiert vor allem die absolute Ausprägung der beiden Mittelwerte. Da die Varianzanalyse bereits einen signifikanten Unterschied festgestellt hat, muss der Unterschied zwischen den Mittelwerten auch per t-Test oder Brown-Forsythe-Test signifikant identifizierbar sein. Anhand der beiden Mittelwerte kann dann der Untersuchungsleiter beurteilen, welche der beiden Faktorstufen zur höheren Ausprägung der abhängigen Variablen führen. Im Regelfall ist dies eine simple Bestätigung des ohnehin angenommenen direkten Wirkungszusammenhangs. Der t-Test zum Mittelwertvergleich kann dabei analog zum t-Test bei den bereits erläuterten Manipulation Checks zur Anwendung kommen. Der Brown-Forsythe-Test lässt sich unter der Option *Analysieren* → *Mittelwerte vergleichen* → *Einfaktorielle ANOVA* im Untermenü *Optionen* aufrufen. Zusätzlich sollte hier die Deskriptive Statistik mit ausgewählt werden, um die absoluten Werte der Gruppenmittel im Output vergleichen zu können. Zur Bewertung der Wirkungsrichtung ist jedoch die Betrachtung der zu vergleichenden Gruppenmittelwerte vollkommen hinreichend. T-Test und Brown-Forsythe-Test dienen lediglich der Verifizierung. **Abbildung 4.33** zeigt das entsprechende Auswahlfenster.

Abbildung 4.33 Brown-Forsythe-Test

Quelle: SPSS Statistics.

Abbildung 4.34 zeigt den entsprechenden Ergebnisoutput eines Brown-Forsythe-Tests. Das Signifikanzniveau liegt bei 0,042 und somit unter der Grenze von 5%. Der signifikante Einfluss der Farbe auf die Einstellung lässt sich somit bestätigt. Welche der beiden Faktorstufen zu einer höheren und welche zu einer niedrigeren Einstellung führt, zeigen die deskriptiven Statistiken.

Abbildung 4.34 Output des Brown-Forsythe-Tests

ONEWAY ANOVA

Einstellung

	Quadrat-summe	df	Mittel der Quadrate	F	Signifikanz
Zwischen den Gruppen	5,672	1	5,672	3,552	,089
Innerhalb der Gruppen	15,969	10	1,597		
Gesamt	21,641	11			

Robuste Testverfahren zur Prüfung auf Gleichheit der Mittelwerte

Einstellung

	Statistik a	df1	df2	Sig.
Brown-Forsythe	3,552	1	9,197	,091

Quelle: SPSS Statistics.

Weist hingegen ein Einflussfaktor mehr als zwei Faktorstufen auf, so gilt es mittels Post-Hoc-Test neben der Wirkungsrichtung auch zu identifizieren, welche der Faktorstufen zu signifikanten Gruppenunterschieden führen. Hierzu sind bei varianzhomogenen Daten die Scheffé-Prozedur und bei varianzheterogenen Daten der Games-Howell-Test geeignet.[161] Beide lassen sich bei der Durchführung einer Varianzanalyse unter der Option *Post-Hoc* auswählen (siehe **Abbildung 4.35**). Zu beachten ist, dass der Games-Howell-Test für varianzheterogene Daten nur dann anwendbar ist, wenn lediglich der zu untersuchende Einfluss als Faktor für die Varianzanalyse ausgewählt wurde.

Das Output-Blatt zeigt dann Signifikanzen für jeden paarweisen Vergleich der einzelnen Faktorstufen. Dabei wird deutlich, welche der Faktorstufen für den signifikanten Einfluss verantwortlich sind. Auch hier spielt für die Interpretation der Daten wie immer ein Signifikanzniveau von 5% eine Rolle. Im obigen Beispiel wurde mit drei verschiedenen Farben gearbeitet, die mit 0 (grün), 1 (blau) und 2 (rot) kodiert sind (siehe **Abbildung 4.36**). Der Unterschied in den Mittelwerten der abhängigen Variable Einstellung ist dabei vor allem auf die rote Farbe zurückzuführen. Diese unterscheidet sich gemäß Scheffé-Prozedur signifikant von Farbe Grün (p=.010) *und* Farbe Blau (p=.000). Der Unterschied der Mittelwerte von grüner und blauer Farbe hingegen ist nicht signifikant (p=.111).

---

[161] Vgl. Eschweiler/Evanschitzky/Woisetschläger (2007), S. 15.

Durchführung einer (M)AN(C)OVA

Abbildung 4.35 Scheffé-Prozedur und Games-Howell-Test

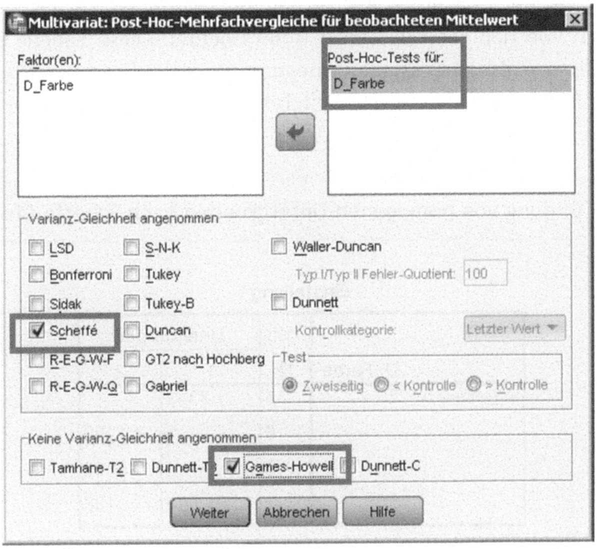

Quelle: SPSS Statistics.

Abbildung 4.36 Output von Scheffé-Prozedur und Games-Howell-Test

Multiple Comparisons

Abhängige Variable: Einstellung

	(I)D_Farbe	(J)D_Farbe	Mittlere Differenz (I-J)	Standardfehler	Sig.	95%-Konfidenzintervall Untergrenze	Obergrenze
Scheffé	0	1	-1,3750	,64639	,138	-3,1292	,3792
		2	2,2917	,64639	,010	,5375	4,0458
	1	0	1,3750	,64639	,138	-,3792	3,1292
		2	3,6667	,64639	,000	1,9125	5,4208
	2	0	-2,2917	,64639	,010	-4,0458	-,5375
		1	-3,6667	,64639	,000	-5,4208	-1,9125
Games-Howell	0	1	-1,3750	,72958	,197	-3,4040	,6540
		2	2,2917	,66275	,023	,3739	4,2095
	1	0	1,3750	,72958	,197	-,6540	3,4040
		2	3,6667	,53098	,000	2,1847	5,1486
	2	0	-2,2917	,66275	,023	-4,2095	-,3739
		1	-3,6667	,53098	,000	-5,1486	-2,1847

Quelle: SPSS Statistics.

Unter der mit *Multiple Comparisons* bezeichneten Tabelle zeigt das Output-Blatt zudem eine Liste mit homogenen Untergruppen. In **Abbildung 4.37** ist für das obige Beispiel zu erkennen, dass die blauen und grünen Flaschen zusammen eine homogene Untergruppe bilden, welche sich von den roten Flaschen unterscheidet. Diese Tabelle besitzt (trotz der Benennung *Scheffé*) sowohl für varianzhomogene als auch für varianzheterogene Daten Gültigkeit, da sich für den Games-Howell-Test die gleichen Mittelwerte wie für die Scheffé-Prozedur ergeben.

Abbildung 4.37 Bildung von homogenen Untergruppen nach Scheffé-Prozedur

Einstellung

	D_Farbe	N	Untergruppe 1	2
Scheffé a,b	2	6	1,8333	
	0	6		4,1250
	1	6		5,5000
	Sig.		1,000	,138

Quelle: SPSS Statistics.

4.4.3 Effektstärke der signifikanten Effekte

Anhand der Feststellung, dass ein Einflussfaktor, ob indirekter (Interaktion) oder in direkter Wirkung, einen signifikanten Einfluss auf die Zielgröße hat und in welche Richtung dieser geht, kann jedoch noch keine Aussage über die Stärke dieses Einflusses getroffen werden. Tatsächlich ist diese Aussage für empirische Untersuchungen generell von geringerer Bedeutung als die Identifikation signifikanter Effekte und deren qualitative Wirkungsrichtung. Dennoch sollte für alle signifikanten Effekte untersucht werden, wie stark deren Wirkung auf die abhängige Variable tatsächlich ist. Hierzu dient der bereits bei der Durchführung der Varianzanalyse zusätzlich ausgewählte Schätzer der Effektgröße, welcher im Output in der letzten Spalte des Datenblatts als *partielles Eta-Quadrat* ausgegeben wird (siehe **Fehler! Verweisquelle konnte nicht gefunden werden.**).

Diese Maßzahl gibt den erklärten Varianzanteil der abhängigen Variablen durch den Einflussfaktor wieder und liegt somit zwischen Null und Eins.[162] *Cohen* legt drei in der Literatur inzwischen anerkannte Schwellenwerte fest.[163] Da bei verhaltenswissenschaftlichen Experimenten grundsätzlich keine sehr hohen Werte für η^2 zu erwarten sind, liegen diese bei 1% für kleine Effekte, bei 5.9% für mittlere Effekte und bei 13.8% für starke Effekte.[164]

---

[162] Vgl. Peterson/Albaum/Beltramini (1985), S. 97 ff.
[163] Vgl. Eschweiler/Evanschitzky/Woisetschläger (2007), S. 15.
[164] Vgl. Cohen (1988), S. 280 ff.

Ergibt sich wie hier in der beispielhaften Analyse für den Einfluss Farbe auf die Einstellung ein η^2 von 63%, so kann von einem starken Effekt gesprochen werden. Da jedoch selbst der Wert von 1% bei einer großen Anzahl von signifikanten Einflüssen nicht immer erreicht wird, stehen die Signifikanz sowie die Wirkungsrichtung der Einflussfaktoren im Vordergrund empirischen Untersuchungen. Die Effektstärke ist lediglich als zusätzliche Information zu identifizierten Einflussfaktoren zu betrachten und dient dem Vergleich verschiedener Einflüsse in ihrer Effektstärke.

4.4.4 Interpretation von Interaktionseffekten

Ein besonderer Fokus bei der Interpretation von varianzanalytischen Ergebnissen liegt auf der Deutung der Interaktionseffekte. Diese haben insbesondere aufgrund ihres detaillierteren Informationsgehalts im Vergleich zu den direkten Effekten eine besondere Bedeutung.[165] Um einen ersten Überblick über die verschiedenen Erscheinungsformen von Interaktionseffekten zu erhalten, soll eine kurze Systematisierung dieser erfolgen.

Unterschieden werden können nach *Leigh* und *Kinnear* grundsätzlich drei Arten von Interaktionseffekten: ordinale, hybride und disordinale Interaktionen, welche die folgende **Abbildung 4.38** zeigt.[166] Dabei stellen ordinale Interaktionen die schwächste, wenn auch zugleich häufigste Erscheinungsform eines Interaktionseffektes dar, während disordinale Interaktionen den stärksten und für die Interpretation den wertvollsten und „spektakulärsten" Zusammenhang verkörpern. In der Abbildung zu den verschiedenen Arten von Interaktionseffekten könnte dabei Faktor a das Material der Flasche sein, mit den Ausprägungen a_1=Glas und a_2=Plastik, und Faktor b könnte die Farbe der Flasche sein, mit den Ausprägungen b_1=blau und b_2=grün. Die Grafiken zeigen dann auf, welche spezifischen Kombinationen von Material und Farbe für die Bewertung der Flasche vorteilhaft wäre.

Eine ordinale Interaktion zeichnet sich dadurch aus, dass „die Rangfolge der Stufen des einen Faktors für die jeweiligen Ausprägungen des anderen Faktors identisch ist und vice versa".[167] Es liegt somit ein gemeinsamer Trend vor und beide Haupteffekte können eindeutig interpretiert werden. Beide Einflussfaktoren führen beispielsweise zu einer höheren Bewertung für jedes Level der jeweils anderen Einflussgröße.[168] Bei einer hybriden Interaktion ist die globale Interpretation dagegen nur noch für eine der beiden Einflussgrößen möglich. Die Rangfolge der Faktorstufen des einen Haupteffektes ist dann nicht mehr identisch für alle Ausprägungen des anderen Einflusses. Der Trend für diese ist gegenläufig und die Graphik zeigt sich schneidende Linien. Lediglich die weiterhin bestehende identische Rangfolge des anderen Faktors ist dann interpretierbar.[169] Bei disordinalen Interaktionen ist keiner der beiden Haupteffekte mehr interpretierbar, da für keinen der Faktoren ein gemeinsamer Trend zu erkennen ist. Die beiden Effekte divergieren und

---

[165] Vgl. Eschweiler/Evanschitzky/Woisetschläger (2007), S. 14.
[166] Vgl. Leigh/Kinnear (1980), S. 842 f.; Specht (2008), S. 92.
[167] Specht (2008), S. 92.
[168] Vgl. Green/Tull/Albaum (1988), S. 479.
[169] Vgl. Bortz (2005), S. 301.

schneiden sich daher in beiden graphischen Darstellungen.[170] Somit wiegen hybride und disordinale Interaktionen für Marketingentscheidungen wesentlich schwerer als ordinale Interaktionen. Der Einfluss eines Faktors kann nicht eindeutig bestimmt werden und eine Maßnahme zur Steuerung des Konsumentenverhaltens über diese Größe greift nur für bestimmte Umweltzustände.

Abbildung 4.38 Klassifikation von Interaktionen[171]

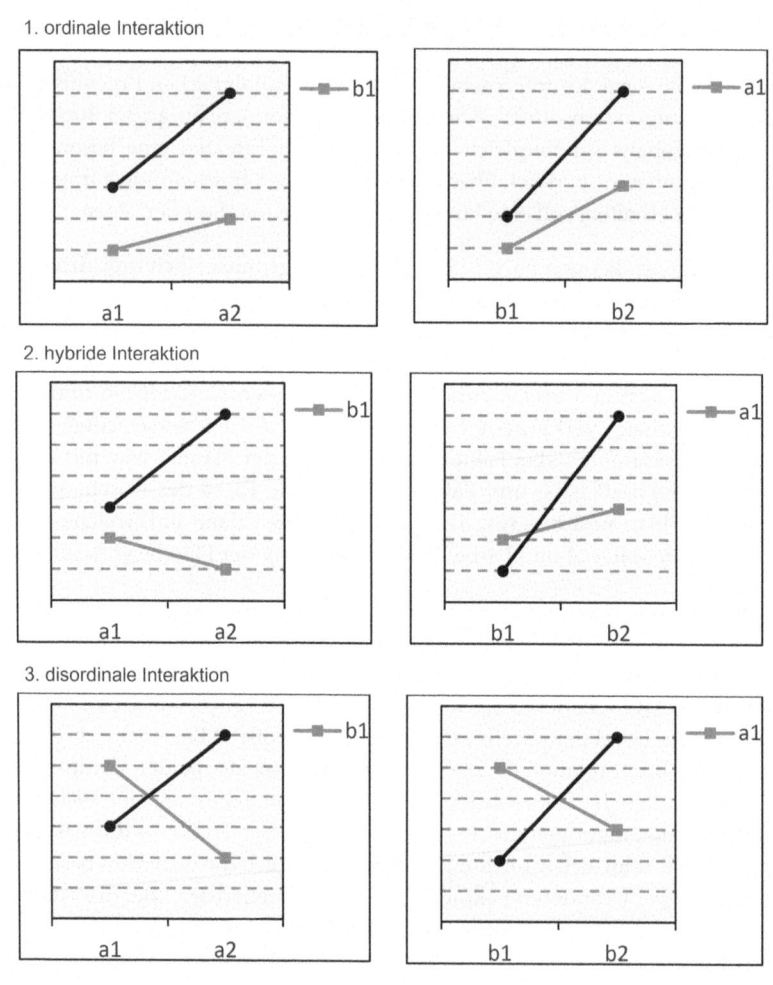

Quelle: in Anlehnung an Bortz (2005), S. 301.

---

[170] Vgl. Specht (2008), S. 92.
[171] Sich schneidende Graphen stellen hier jeweils nicht interpretierbare Haupteffekte dar.

5 Fallstudie zur Anwendung der Konzeption, Durchführung und Auswertung von Experimenten

5.1 Exemplarischer Datensatz

Um die Anwendung der in Kapitel 2 und Kapitel 3 vorgestellten Vorgehensweise als Gesamtprozess nachvollziehen zu können, soll im Folgenden jeder Schritt exemplarisch anhand eines tatsächlich durchgeführten Experiments und eines bereits vorhandenen Datensatzes erläutert werden. Der Datensatz wurde im Rahmen einer Studie des Lehrstuhls für Marketing I der Johannes Gutenberg-Universität Mainz erhoben und ist im Downloadcenter der Homepage des Lehrstuhls verfügbar.[172] Jeder Auswertungsschritt kann somit einzeln nachvollzogen und die Ergebnisse der Auswertung verglichen werden. Die Auswertung erfolgt wie in Kapitel 4 erläutert mit Hilfe der Software SPSS 20. Die Studie widmet sich Markenerweiterungen der Taschentuchmarke Tempo und wurde im Dezember 2010 in Hongkong durchgeführt. Für die Durchführung der Untersuchung war es erforderlich, dass die Versuchsteilnehmer verschiedene Produkte als Erweiterung dieser Marke bewerten. Ziel der Studie war es herauszufinden, welche Determinanten die Bewertung von Markenerweiterungen in den sogenannten Plattformländern Asiens beeinflussen. Auf eine theoretische Fundierung, die zur Auswahl der Determinanten führte, wird hier jedoch nicht weiter eingegangen.[173] Vielmehr soll die Auswahl der Faktoren, der Faktorstufen sowie der abhängigen Variablen weitestgehend intuitiv eine Erläuterung erfahren. Zum Zwecke der Übersichtlichkeit dient weiterhin nur ein Teil des ursprünglichen Datensatzes (n=100 aus ursprünglich n=614). Die Ergebnisse der vollständigen Studie können im *Journal of Brand Management* nachgelesen werden.[174]

---

[172] Zu finden unter *www.marketing-mainz.de*
[173] Als weiterführende Literatur zu Markenerweiterungen in asiatischen Ländern seien insbesondere aber nicht ausschließlich genannt: Monga/John (2007); Fu/Saunders/Qu (2009) sowie Bapat/Panwar (2009).
[174] Vgl. Huber et al. (2013).

5.2 Konzeption und Durchführung eines Experiments

5.2.1 Auswahl der Faktoren und abhängigen Variablen

Auf der Basis einer intensiven Literaturrecherche ist im Kontext der Markenerweiterung der Einflussfaktor Kongruenz bzw. Fit als wichtigste Größe zu nennen.[175] Da bei der Erweiterung einer bestehenden Marke ein Transfer von Image und Knowhow auf eine neue Produktkategorie realisiert werden soll, ist aus Konsumentensicht eine Übereinstimmung ausgewählter Bestandteile des neuen Produkts mit der bestehenden Marke von Nöten. Je größer diese Übereinstimmung wahrgenommen wird, desto plausibler erscheint aus Konsumentensicht die Erweiterung der Marke auf das neue Produkt und desto positiver ist auch die Einstellung der Konsumenten gegenüber der Markenerweiterung. Besteht keine Übereinstimmung der Marke mit dem neuen Produkt, so wird es für den Konsumenten schwieriger, den Grund der Erweiterung der Marke auf dieses Produkt zu verstehen. Eine unpassende Markenerweiterung stößt daher weitestgehend auf Ablehnung. Die Kategorisierungstheorie kann als Bezugsrahmen für diesen Zusammenhang genutzt werden.[176] Ein neues Objekt findet nach dieser Theorie nur dann Zugang zur gleichen gedanklichen Kategorie, wenn eine ausreichend große Anzahl an Übereinstimmungen zwischen dem neuen Objekt und den anderen Objekten dieser Kategorie besteht. Existieren keine Gemeinsamkeiten, so wird das Objekt einer anderen Kategorie von Objekten zugeordnet. Somit findet der Fit zwischen der bestehenden Marke und dem Erweiterungsprodukt als erster Einflussfaktor Berücksichtigung in diesem Experiment.

Da im vorliegenden Experiment Markenerweiterungen in den Plattformländern Asiens analysiert werden sollen, ist des Weiteren die Reihenfolge des Markteintritts dieser Markenerweiterungen von Interesse. Werden die verschiedenen Erweiterungsprodukte in einer für den Konsumenten sinnvollen Reihenfolge auf den Markt gebracht, so stößt dies auf eine positivere Reaktion als eine zufällige Reihenfolge diverser Markenerweiterungen. So ist beispielsweise die Akzeptanz für das Parfum einer Schuhmarke größer, wenn zuvor bereits Mode dieser Marke auf dem Markt erschienen ist. Eine Markenerweiterung von Schuhen direkt auf Parfum stößt hingegen meist auf Unverständnis der Konsumenten, da nicht klar ist, woher die Schuhmarke die Kompetenz für die Gestaltung von Leistungen im Parfummarkt nimmt. Nur wenn die Reihenfolge der Markenerweiterung für den Konsumenten einen Sinn ergeben, also nach Schuhen zunächst Mode dann Parfum, entwickelt er eine positive Einstellung gegenüber allen Erweiterungsprodukten. Scheint die Reihenfolge des Markteintritts der verschiedenen Produkte dagegen keinen Sinn zu ergeben, entwickelt er eine negative Einstellung.[177]

Neben dem direkten Einfluss der Reihenfolge des Markteintritts ist außerdem die Interaktion der Reihenfolge des Markteintritts mit dem Fit zwischen der bestehenden Marke und

---

[175] Vgl. Aaker/Keller (1990) sowie Bottomley/Holden (2001) als Grundlagenliteratur.
[176] Vgl. Mervis/Rosch (1981).
[177] Vgl. Dawar/Anderson (1994), S. 120.

dem Erweiterungsprodukt von Interesse. Markenforscher weisen in diesem Zusammenhang darauf hin, dass vor allem inkongruente Erweiterungsprodukte, also Produkte mit einem geringen Fit, von einer geordneten, das heißt sinnvollen Reihenfolge des Markteintritts profitieren können. Während Produkte mit hohem Fit bereits durch die Übereinstimmung mit der bestehenden Marke eigenständig Akzeptanz seitens der Konsumenten auslösen, werden inkongruente Produkte erst durch eine Kette weiterer Produkte als sinnvolle Markenerweiterung wahrgenommen.[178] Die verschiedenen Erweiterungsprodukte bilden somit eine gedankliche Brücke zum ursprünglich inkongruenten Erweiterungsprodukt. Aufgrund dieser erwarteten Effekte ist die Reihenfolge des Markteintritts der zweite manipulierte Einflussfaktor im Experiment.

Als dritte interessierende Einflussgröße wird das Involvement der Konsumenten berücksichtigt. Je nachdem, wie involviert die Teilnehmer bei der Beurteilung unterschiedlicher Markenerweiterungen sind, können sich unterschiedliche Effekte für den Fit sowie die Reihenfolge des Markteintritts ergeben.[179] Hoch involvierte Teilnehmer zeichnen sich durch eine höhere Bereitschaft aus, sich kognitiv mit den gezeigten Markenerweiterungen zu beschäftigen. Durch diese kognitive Leistung könnten sowohl die Problematik eines niedrigen Fits zwischen Marke und Erweiterungsprodukt als auch die Verwirrung durch einen ungeordneten Markteintritt reduziert werden. Das Involvement repräsentiert daher eine typische Moderatorvariable.[180] Da eine experimentelle Manipulation des Involvements der Teilnehmer nur schwer umzusetzen ist, wird hier auf eine a-posteriori Einteilung zurückgegriffen. Es gibt also nicht wie bei den anderen beiden Einflussgrößen verschiedene Szenarien, die den Teilnehmern gezeigt werden. Vielmehr muss jeder Proband im Laufe des Fragebogens Angaben dazu machen, wie involviert er während der Beantwortung der Fragen ist. Im Nachhinein wird anhand eines Median-Splits eingeteilt, welche Teilnehmer als hoch involviert und welche als niedrig involviert anzusehen sind. Es ergeben sich somit drei unabhängige Variablen – der Fit zwischen Marke und Erweiterungsprodukt, die Reihenfolge des Markteintritts sowie das Involvement der Teilnehmer – welche im Rahmen der varianzanalytischen Auswertung auf ihren Einfluss auf die abhängigen Variablen eine Untersuchung erfahren sollen.

Als abhängige Variable wurden das persönliche Gefallen, die wahrgenommene Qualität sowie die Kaufabsicht gewählt. Im Einklang mit den Überlegungen von *Triandis* zur Drei-Komponenten-Theorie repräsentiert dabei das persönliche Gefallen die affektive Dimension, die wahrgenommene Qualität spiegelt die kognitive Dimension wider und die Kaufabsicht beschreibt die konative, also verhaltensbezogene Dimension der Einstellung.[181] Für alle drei Variablen werden ähnliche Effekte der drei Einflussfaktoren erwartet, weshalb für die Auswertung der Daten eine multivariate Varianzanalyse zum Einsatz kommt. Um störende Einflüsse aufgrund unterschiedlicher Altersklassen der Teilnehmer zu vermeiden, wird darüber hinaus das Alter der Probanden als Kovariable berücksichtigt. Dabei

---

[178] Vgl. Dawar/Anderson (1994), S. 120.
[179] Vgl. Nkwocha et al. (2005), S. 55.
[180] Vgl. Maoz/Tybout (2002), S. 119.
[181] Vgl. Meffert/Burmann/Kirchgeorg (2008), S. 122; Triandis (1975).

werden die Daten in der Varianzanalyse um den direkten Einfluss des Alters bereinigt, ohne dass dieses jedoch Berücksichtigung bei der Analyse von Interaktionseffekten findet. Das vollständige experimentelle Design basiert somit auf drei Einflussfaktoren, drei abhängigen Variablen sowie einer Kovariablen.

5.2.2 Auswahl der Faktorstufen

Die Anzahl der Faktorstufen des Fits zwischen Marke und Erweiterungsprodukt variiert in Abhängigkeit des Untersuchungsgegenstands. So findet neben dem hohen Fit und dem niedrigen Fit[182] auch der mittlere Fit vermehrt Berücksichtigung in wissenschaftlichen Studien.[183] Um auch die Reihenfolge des Markteintritts detailliert untersuchen zu können, bietet es sich an, alle drei Fitstufen im Experiment zu manipulieren. Bei Manipulationen mit mehr als zwei Faktorstufen ist es sinnvoll, die verschiedenen Stufen in einem Pre-Test zu prüfen. Ein solcher Pre-Test wurde auch hier durchgeführt, wobei 132 Probanden 16 potentielle Markenerweiterungen der Marke Tempo von im Hinblick auf ihre Kongruenz zur Muttermarke auf einer 7-Punkt Likert-Skala beurteilten. Aus den 16 Konzepten wurde zur Manipulation des Fits eines mit einem hohen Durchschnittswert (Tempo Toilet Paper), eines mit einem mittleren Durchschnittswert (Tempo Wet Baby Wipes) und eines mit einem niedrigen Durchschnittswert (Tempo Shampoo) gewählt.

Neben dem Fit zwischen Marke und Erweiterungsprodukt soll auch die Reihenfolge des Markteintritts im Fragebogen manipuliert werden. Hier sind sowohl nach der Sichtung bereits durchgeführter Studien als auch nach eigener Einschätzung nur zwei Faktorstufen von Interesse: ein geordneter Markteintritt sowie ein ungeordneter Markteintritt. Eine geordnete Markteintrittsreihenfolge ist definiert als schrittweise Markteinführung der Produkte vom „passendsten" (höchster durchschnittlicher Fit im Pre-Test) bis hin zum „unpassendsten" (niedrigster durchschnittlicher Fit im Pre-Test). Diese Reihenfolge wird im Folgenden als A, B, C, D, E bezeichnet. Die Buchstaben A, C und E bezeichnen dabei die zur Manipulation des Fits identifizierten drei Faktorstufen „hoher Fit", „mittlerer Fit" und „niedriger Fit". Die Buchstaben B und D bezeichnen Zwischenschritte der schrittweisen Markenerweiterung und dienen der gezielten Manipulation der Reihenfolge des Markteintritts. Diese Zwischenstufen sind gemäß Pre-Test Erweiterungsprodukte zwischen den jeweiligen Durchschnittswerten der Faktorstufen A und C bzw. C und E. Die ungeordnete Markteintrittsreihenfolge hingegen versucht die Abstände zwischen den einzelnen Erweiterungsprodukten zu maximieren und stellt die Produkte in der Reihenfolge A, E, B, D, C vor.[184] Da auf diese Weise eine Manipulation zweier Extrema entsteht, die nicht weiter auseinander liegen könnten, kann später auf einen Manipulation Check verzichtet werden.

Um die Reihenfolge des Markteintritts manipulieren zu können, müssen die Probanden also im Experiment mehrere Markenerweiterungen mit unterschiedlichen Fitstufen bewer-

---

[182] Vgl. Fu/Ding/Qu (2009), S. 225.
[183] Vgl. Barone/Miniard (2002), S. 288.
[184] Vgl. Dawar/Anderson (1994), S. 121.

ten. Da der Fit des Erweiterungsprodukt mit der bestehenden Marke jedoch ebenfalls Einflussfaktor des Experiments ist, handelt es sich beim Fit um einen „within-Faktor". Jeder Proband sieht somit jede Ausprägung des Einflussfaktors, sprich „passende", „mittelmäßig passende" sowie „unpassende" Erweiterungsprodukte. Die Reihenfolge des Markteintritts ist dagegen als „between-Faktor" anzusehen, da jeder Teilnehmer nur eines der beiden Szenarien beurteilt, sprich entweder den geordneten Markteintritt oder den ungeordneten Markteintritt der Erweiterungsprodukte im Fragebogen sieht.

Das Involvement wird in der Literatur klassischerweise in zwei Ausprägungsstufen realisiert: hohes Involvement und niedriges Involvement. Auch in diesem Experiment soll anhand eines Median-Splits eine Unterteilung in zwei Stufen vorgenommen werden. Im Rahmen des experimentellen Designs findet diese a-posteriori eingeteilte Variable jedoch keine Berücksichtigung. Vielmehr bewertet jeder Proband anhand von drei Items sein Involvement während der Beantwortung des Fragebogens. Im Fragebogen werden daher nur die Faktoren Fit und Reihenfolge des Markteintritts manipuliert. Involvement wird weiterhin als moderierende Größe der beiden anderen Faktoren betrachtet. Zur Beantwortung der Forschungsfrage sind somit zwei Analysen erforderlich. Im ersten Schritt werden dabei die Einflüsse Fit und Reihenfolge des Markteintritts sowie deren Interaktion untersucht. Im zweiten Schritt steht dann der moderierende Einfluss des Involvements im Fokus. **Abbildung 5.1** fasst diese Zusammenhänge noch einmal graphisch zusammen.

Abbildung 5.1   Untersuchte Größen des Experiments im Überblick

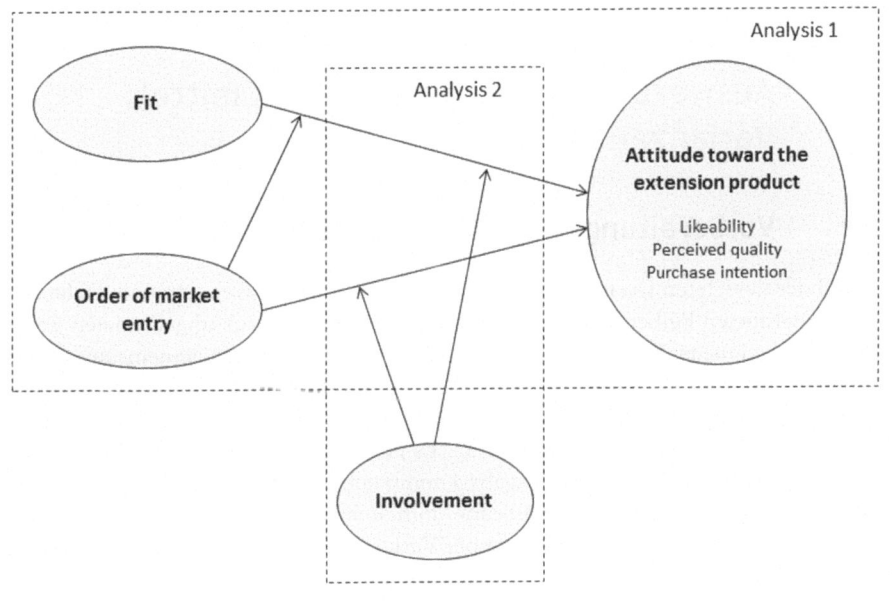

Quelle: Huber et al. (2013), S. 432.

5.2.3 Durchführung des Experiments

Zur Umsetzung des Experiments diente eine Online-Befragung, in welcher die Probanden jeweils 5 verschiedene Markenerweiterungen im Hinblick auf persönliches Gefallen, wahrgenommeine Qualität und Kaufabsicht beurteilen mussten. Da die Studie in Hongkong durchgeführt wurde, bot die Online-Befragung die logistisch einfachste und schnellste Möglichkeit für die Datengewinnung. Als Zielgruppe der Marke Tempo wurden haushaltsführende Frauen im Alter zwischen 25 und 65 identifiziert, welche als Quotenvorgabe ausschließlich zu berücksichtigen waren. Innerhalb dieser Zielgruppe sollte eine möglichst repräsentative Verteilung der Probandinnen auf die verschiedenen Altersgruppen erreicht werden.

Um die Fragen des Fragebogens so sinngemäß wir möglich ins Chinesische zu übertragen, übersetzten zweisprachig aufgewachsene Deutsch-Chinesen die interessierenden Fragen. Zur Operationalisierung der abhängigen Variablen kamen Single Items zum Einsatz, die derart ausformuliert und übersetzt wurden, dass sie präzise die Bedeutung der drei Konstrukte persönliches Gefallen, wahrgenommene Qualität und Kaufabsicht widerspiegelten. Gerade bei Studien in fremden Kulturen kommt diese Art der Operationalisierung vermehrt zum Einsatz, da zusätzliche Items nur zunehmende Verwirrung der Teilnehmer erzeugen.[185] Neben den drei abhängigen Variablen wurde im Fragebogen außerdem das vorherrschende Involvement der Probanden erfasst. Hierzu kam eine Skala von *Barone* zum Einsatz, die aus den drei Items „concentrating", „paying attention" und „involved" bestand.[186] Um die geplante Kovariable im Fragebogen zu berücksichtigen, bildete die Frage nach dem Alter der Teilnehmer den Schluss des Fragebogens.

5.3 Auswertung eines Experiments mittels Varianzanalyse

5.3.1 Vorbereitung und erste Schritte

Aufgrund des gewählten Designs des Experiments entstanden zwei getrennte Datensätze, einer zur geordneten Reihenfolge des Markteintritts und einer zur ungeordneten Reihenfolge des Markteintritts. Beide Datensätze wurden zunächst in einen gemeinsamen Datensatz kopiert. Eine Dummyvariable kennzeichnete die jeweilige Datenreihe aus dem entsprechenden Szenario. In jedem dieser Datenreihen wurden sämtliche Erweiterungsprodukte gemäß within-subject-Design bewertet. Es bestehen also für jede der drei abhängigen Variablen (persönliches Gefallen, wahrgenommene Qualität und Kaufabsicht) jeweils drei Ausprägungen, und zwar für passende, mittelmäßig passende und unpassende Erweiterungsprodukte. Um die Auswertung per Varianzanalyse zu ermöglichen, können die

---

[185] Vgl. Burgess/Steenkamp (2006), S.337; de Jong/Steenkamp/Veldkamp (2009), S. 675.
[186] Vgl. Barone (2005), S. 266.

drei Ausprägungen des Fits nun als getrennte Datenreihen betrachtet werden. Aus einem Probanden, der die Produkte auf allen drei Fitstufen bewertet hat, entstehen nun also 3 Datenreihen, eine zu jeder Fitstufe. Aus den insgesamt 100 Teilnehmern werden auf diese Weise 300 Datenreihen, nämlich 100 pro Fitstufe. Im von nun an verwendeten Datensatz wurde diese Transformation bereits vorgenommen. Der Datensatz „hongkong.xls" besteht also aus 300 Datenreihen (Zeilen) mit 12 Variablen (Spalten). Diese zeigt **Tabelle 5.1**.

Tabelle 5.1 Zusammenfassende Darstellung der Variablen des Datensatzes

Variablenname	Bedeutung der Variable im Experiment
num	Durchlaufende Nummer der Teilnehmer des Experiments (n = 100)
num2	Durchlaufende Nummer über alle Fitstufen hinweg (n = 300)
d_fit	Dummy für die bewertete Fitstufe (1 = hoch; 2 = mittel; 3 = niedrig)
d_ord	Dummy für die realisierte Reihenfolge (0 = ungeordnet; 1 = geordnet)
fit	Variable für den Manipulation Check (perceived brand fit)
like	abhängige Variable persönliches Gefallen (likeability)
qua	abhängige Variable wahrgenommene Qualität (perceived quality)
buy	abhängige Variable Kaufabsicht (buying intention)
inv1	Item 1 („concentrating") zur Messung des Involvements
inv2	Item 2 („paying attention") zur Messung des Involvements
inv3	Item 3 („involved") zur Messung des Involvements
age	Alter der Probanden (25-65)

Öffnet man SPSS 20, so kann der Datensatz „hongkong.xls" direkt eingelesen werden. SPSS erkennt die erste Zeile als Variablennamen. Um das weitere Arbeiten mit dem Datensatz in SPSS zu erleichtern, sollte ein Wechsel in die Variablenansicht erfolgen. Hier wird das Datenniveau der Variablen definiert sowie die Anzahl der angezeigten Nachkommastellen festgelegt. Da für alle Variablen ganze Zahlen vorliegen, sind keine Nachkommastellen nötig. Das Datenniveau sollte für die drei abhängigen Variablen *like*, *qua* und *buy*, für die Check-Variable *fit*, für die drei Items des Involvements *inv1*, *inv2* und *inv3* sowie für das Alter *age* als metrisch bzw. „Skala" definiert werden. Als Datentyp ist in diesem Fall für alle Variablen „numerisch" auszuwählen.

Die einzige Variable, die im vorliegenden Experiment mit mehreren Items gemessen wurde, ist das Involvement. Um die Reliabilität der drei Items zu überprüfen, wird nun, wie in Kapitel 4.2.4 beschrieben, Cronbachs Alpha für die Kombination der drei Items ermittelt. Anhand der korrigierten Item-Skala-Korrelation erkennt man, dass alle Items weiter analysiert werden dürfen. Cronbachs Alpha nimmt mit 0.945 einen sehr guten Wert an. Die

Reliabilität der Skala ist somit bestätigt. **Abbildung 5.2** fasst die Werte der Reliabilitätsanalyse noch einmal zusammen:

Abbildung 5.2   Ergebnis der Reliabilitätsprüfung für das Involvement

Item-Skala-Statistiken

	Skalenmittelwert, wenn Item weggelassen	Skalenvarianz, wenn Item weggelassen	Korrigierte Item-Skala-Korrelation	Cronbachs Alpha, wenn Item weggelassen
inv1	11,75	4,121	,869	,931
inv2	11,75	4,081	,896	,910
inv3	11,68	4,091	,887	,917

Quelle: SPSS Statistics.

Um das Involvement als Moderator für die Varianzanalyse nutzen zu können, müssen die Teilnehmer nun in hoch involvierte und niedrig involvierte Teilnehmer getrennt werden. Hierzu ist zunächst der Mittelwert der drei Involvement-Items zu berechnen. Die neue Variable *inv_av* errechnet sich durch die Formel *(inv1 + inv2 + inv3) / 3*. Der Mittelwert dient als Maß für das vorherrschende Involvement der Teilnehmer. Der Median dieser Variablen beträgt 5.86 und liegt somit deutlich über dem Mittelwert der 7-Punkt Skala von 4. Zu erklären ist dies durch den sogenannten Social-Desirability-Bias, der im Rahmen von selbstberichtenden Verfahren die Antworten hin zu einer sozial erwünschten Antwort nach oben verzerrt.[187] Eine sinnvolle Trennung der Daten sieht somit wie folgt aus: Alle Teilnehmer mit einem mittleren Involvement, d. h. in diesem Fall einem Wert kleiner als 6, werden als niedrig involviert eingestuft. Alle Teilnehmer mit einem mittleren Involvement, d. h. in diesem Fall einem Wert größer als oder gleich 6, gelten als hoch involviert. Ein entsprechender Dummy sollte an dieser Stelle kodiert werden mit der Zuordnung „0 = niedrig involviert" und „1 = hoch involviert".

5.3.2   Voruntersuchungen

Mit Hilfe deskriptiver Kennzahlen soll zunächst exemplarisch das Alter der Probanden näher untersucht werden. Der Mittelwert liegt bei 39,55 Jahren bei einer Standardabweichung von 8,24. Die jüngste Teilnehmerin ist 26 Jahre alt und die älteste 63. Der Median liegt bei 40 Jahren und der Modus bei 32. Neben diesen ersten Beschreibungen des Datensatzes ist besonders die Verteilung der Probanden auf die einzelnen Zellen von Interesse. Da mit dem Involvement der Probanden als a-posteriori Einteilung gearbeitet wurde, ist die Zuteilung von hoch und niedrig involvierten Teilnehmern auf die Szenarien zufällig.

---

[187] Vgl. Arnold/Feldman (1981), S. 377.

Eine Kreuztabelle kann hier Aufschluss über die Verteilung der Probanden geben, mit der Dummyvariablen für das Involvement in den Zeilen und der Dummyvariablen für die Reihenfolge des Markteintritts in den Spalten. Es ergibt sich die in **Abbildung 5.3** aufgelistete Verteilung auf die einzelnen Zellen des Experiments. Da jeder Proband alle drei Fitstufen realisiert hat, sind alle Zahlen automatisch ein Vielfaches von 3. Für die später häufig notwendige Gleichverteilung der Zellen kann hier bereits geprüft werden, ob die größte Gruppe (87 Teilnehmer) um weniger als 1,5 Mal so groß ist wie die kleinste Gruppe (63 Teilnehmer). Es ergibt sich ein Faktor von 1,38, was eine Gleichbesetzung der Zellen bestätigt. Weitere deskriptive Auswertungen bieten in Bezug auf die Korrelation der abhängigen Variablen an. Diese werden hier im Rahmen der Prämissenprüfung der Varianzanalyse näher erläutert.

Abbildung 5.3 Kreuztabelle zur Verteilung auf die Experimentalgruppen

d_inv * d_ord Kreuztabelle

Anzahl

		d_ord		Gesamt
		0	1	
d_inv	,00	63	66	129
	1,00	87	84	171
Gesamt		150	150	300

Quelle: SPSS Statistics.

Zur Prüfung der Manipulation des Faktors Fit per Manipulation Check dient die Variable *fit*. Da jeder Teilnehmer der Befragung Produkte zu allen drei Stufen des Fits bewertet hat, wäre hier normalerweise ein Mittelwertvergleich bei verbundenen Stichproben anzuwenden. Die Daten wurden jedoch schon zu Beginn dieser Auswertung so formatiert, dass nun im Datensatz pro Teilnehmer drei einzelne Datenreihen vorliegen. Es kommt daher eine einfaktorielle ANOVA zum Einsatz mit der abhängigen Variable *fit* und dem Einflussfaktor *d_fit*. Die Ergebnisse des Post-Hoc-Tests zeigen, dass die Probanden Fitstufe 3, also die unpassende Markenerweiterung, als signifikant weniger passend wahrnehmen (Mittelwert = 3,87). Die mittlere Fitstufe (Mittelwert = 5,03) und die hohe Fitstufe (Mittelwert = 5,47) unterscheiden sich nur auf dem 10%-Signifikanzniveau voneinander. **Abbildung 5.4** fasst diese Ergebnisse zusammen. Da sich zumindest auf dem 10%-Signifikanzniveau ein Unterschied zwischen allen drei manipulierten Stufen des Fits bestätigen ließ, kann man die Manipulation als erfolgreich bewerten. Ist dies im Rahmen eines Experimentes nicht der Fall, so müssen die einzelnen Stufen zusammengefasst werden. Bei einem strengeren 5%-Signifikanzniveau müssten also Fitstufe 1 und Fitstufe 2 zusammengefasst werden, da sie sich in Bezug auf ihre wahrgenommene Kongruenz zur Marke nicht signifikant voneinander unterscheiden.

Abbildung 5.4 Ergebnis der Post-Hoc-Tests des Manipulation Checks

Mehrfachvergleiche

Abhängige Variable: fit
Scheffé-Prozedur

(I) d_fit	(J) d_fit	Mittlere Differenz (I-J)	Standardfehler	Signifikanz	95%-Konfidenzintervall	
					Untergrenze	Obergrenze
1	2	,440	,188	,066	-,02	,90
	3	1,600*	,188	,000	1,14	2,06
2	1	-,440	,188	,066	-,90	,02
	3	1,160*	,188	,000	,70	1,62
3	1	-1,600*	,188	,000	-2,06	-1,14
	2	-1,160*	,188	,000	-1,62	-,70

*. Die Differenz der Mittelwerte ist auf dem Niveau 0.05 signifikant.

Quelle: SPSS Statistics.

Bevor nun die Auswertung mit Hilfe der Varianzanalyse beginnt, gilt es die Annahmen dieser zu überprüfen. Da die Probanden geschlossene Skalen bewertet haben, sind Ausreißer von vornherein ausgeschlossen und die erste Annahme der ANOVA ist erfüllt. Die Zuordnung der Gruppen geschah online per Zufallsmechanismus, so dass auch die zweite Annahme als erfüllt gelten muss. Ferner liegt die Gruppengröße pro Experimentalgruppe über den erforderlichen 20 Teilnehmern. Die kleinste Gruppengröße umfasste 63 Probanden. Berücksichtigt man zudem den Faktor Fit, der von allen Probanden auf allen 3 Stufen realisiert wurde, so ergibt sich hieraus als kleinste Gruppengröße eine Zahl von 21 Personen.

Die Varianzhomogenität kann an dieser Stelle noch keine Überprüfung erfahren und findet erst im Rahmen der Durchführung der Varianzanalyse Beachtung. Zu prüfen ist jedoch bereits, ob die Daten des Experiments normalverteilt sind. Dabei wird für die zellenweise univariate Normalverteilung jede einzelne Zelle des Experiments auf Normalverteilung geprüft. Zieht man alle drei Faktoren Fit, Reihenfolge des Markteintritts und Involvement in Betracht, so ergeben sich hieraus 3x2x2 = 12 Experimentalgruppen. Normalverteilt sollten dabei alle drei abhängigen Variablen *like, qua* und *buy* sein. Hier wurden also zwölf getrennte Kolmogorov-Smirnov-Tests auf Normalverteilung durchgeführt, deren Ergebnisse **Tabelle 5.2** zeigt. Gemäß der mit Sternchen gekennzeichneten Werte zeigt sich nicht in allen Zellen die erforderliche Normalverteilung. Besonders bei hoch involvierten Teilnehmern scheint diese Annahme nicht erfüllt zu sein. Es muss daher beachtet werden, dass die Anzahl der Teilnehmer pro Zelle etwa gleich groß ist (maximaler Größenunterschied per Faktor 1,5).[188] Diese „Gleichbesetzung der Zellen" erzeugt zwar keine Normalverteilung, ermöglicht jedoch die Durchführung der Varianzanalyse selbst bei einer Verletzung der Normalverteilungsprämisse. Die Schätzer des Verfahrens sind bei gleichverteilten Zellen besonders robust, selbst wenn die Daten nicht normalverteilt sind.[189]

Tabelle 5.2   Ergebnis des Test auf zellenweise univariate Normalverteilung

Signifikanzen		d_ord = 0		d_ord = 1	
		d_inv = 0	d_inv = 1	d_inv = 0	d_inv = 1
d_fit = 1	like	0,210	0,060	0,124	0,083
	qua	0,341	0,033*	0,380	0,031*
	buy	0,093	0,066	0,337	0,156
d_fit = 2	like	0,236	0,014*	0,147	0,188
	qua	0,233	0,103	0,297	0,038*
	buy	0,217	0,052	0,413	0,405
d_fit = 3	like	0,141	0,163	0,273	0,007*
	qua	0,313	0,016*	0,266	0,078
	buy	0,536	0,143	0,273	0,022*

*signifikante Werte, die darauf schließen lassen, dass keine Normalverteilung vorliegt

Im Rahmen einer multivariaten Varianzanalyse müssen außerdem zwei weitere Annahmen in Bezug auf die Korrelation der abhängigen Variablen überprüft werden. Diese sollen zum einen groß genug sein, um von einer gemeinsamen Abhängigkeit zu sprechen, zum anderen aber nicht so groß sein, dass von Multikollinearität auszugehen ist. **Abbildung 5.5** zeigt das Ergebnis der Korrelationsprüfung. Alle drei Variablen korrelieren demnach signifikant miteinander. Die entsprechenden Varianzinflationsfaktoren sind alle kleiner als der kritische Wert von 10. An dieser Stelle sei darauf hingewiesen, dass einige wissenschaftliche Studien inzwischen auch einen VIF von 5 als kritisch zur Feststellung von Multikollinearität ansehen.[190] Dieser würde im vorliegenden Falle dazu führen, dass zwischen den Variablen *like* und *qua* Multikollinearität zu vermuten wäre. Eine getrennte Interpretation der abhängigen Variablen wäre dann nicht mehr möglich. Für die vorliegende Untersuchung soll jedoch der Wert von 10 als Referenz dienen. Da die zellenweise univariate Normalverteilung bereits zuvor geprüft wurde, sind somit alle Prämissen der MANOVA erfüllt.

---

[188] Vgl. Stevens (2002), S. 92.
[189] Vgl. Bray/Maxwell (1985), S. 34; Perreault/Darden (1975), S. 334.
[190] Vgl. Hair/Ringle/Sarstedt (2011), S. 145.

Abbildung 5.5 Ergebnis der Korrelationsprüfung der Kovariablen

Korrelationen

		like	qua	buy
like	Korrelation nach Pearson	1	,819**	,779**
	Signifikanz (2-seitig)		,000	,000
	N	300	300	300
qua	Korrelation nach Pearson	,819**	1	,752**
	Signifikanz (2-seitig)	,000		,000
	N	300	300	300
buy	Korrelation nach Pearson	,779**	,752**	1
	Signifikanz (2-seitig)	,000	,000	
	N	300	300	300

**. Die Korrelation ist auf dem Niveau von 0,01 (2-seitig) signifikant.

Quelle: SPSS Statistics.

Da das Alter als Kovariable Berücksichtigung finden soll, sind zudem fünf weitere Prämissen in Bezug auf die Durchführung einer ANCOVA zu prüfen. Die experimentelle Anordnung darf die Kovariable nicht beeinflussen. Da die Zuordnung der Teilnehmer zufällig erfolgte und keine Gründe zur Annahme einer Beeinflussung der Gruppen durch das Alter der Teilnehmer bestehen, ist die erste Prämisse erfüllt. Auch die Annahme des mindestens intervallskalierten Datenniveaus ist für das Alter erfüllt. Prüft man die Korrelation des Alters mit den abhängigen Variablen, so ergeben sich keine besonders hohen Korrelationskoeffizienten. Lediglich die Korrelation mit dem persönlichen Gefallen wird auf dem 10%-Signifikanz-niveau bestätigt, während die Korrelationen mit der wahrgenommenen Qualität und der Kaufabsicht nicht signifikant von Null verschieden sind. Das Alter würde daher normalerweise nun keine Berücksichtigung in der Durchführung der Varianzanalyse finden. Um die Vorgehensweise dennoch vollständig zu erläutern, wird sie weiterhin als Kovariable beibehalten.

Um die Kovariable auf interaktive Wirkungen mit den Einflussfaktoren zu untersuchen, werden zunächst Interaktionsterme zwischen dem Alter und den drei Einflussfaktoren gebildet. Diese werden anschließend mit Hilfe einer Regressionsanalyse, gemeinsam mit den Einflussfaktoren selbst sowie der Kovariablen, auf Signifikanz getestet. Die abhängigen Variablen dieser Regression sind jeweils die drei abhängigen Variablen der Varianzanalyse. Das Ergebnis dieser Regression zeigt **Tabelle 5.3**. Auch hier bestätigt sich, dass das Alter der Probanden keine geeignete Kovariable ist, da sich eine interaktive Wirkung des Alters mit der Reihenfolge des Markteintritts nachweisen lässt. Für die abhängige Variable *buy* kann sogar für alle drei Einflussfaktoren eine Interaktion bestätigt werden.

Tabelle 5.3   Ergebnis der Interaktionsprüfung der Kovariablen

Signifikanzen	like	qua	buy
age * d_fit	0,343	0,367	0,062
age * d_ord	0,012	0,018	0,001
age * d_inv	0,279	0,715	0,028

Zwölf einzelne Regressionen dienen schließlich zur Prüfung der letzten Prämisse, weil es für jede Zelle des Experimentaldesigns der Einfluss der Kovariablen auf die abhängige Variable zu ermitteln gilt. Nur wenn die Koeffizienten in Signifikanz und Größenordnung einheitlich sind, kann von Homogenität der Kovariablen ausgegangen werden. Hierzu wären für die Prüfung zu allen drei abhängigen Variablen prinzipiell sogar 12x3 = 36 einzelne Regressionen notwendig. Da das Alter aber aufgrund anderer Prämissenverletzungen ohnehin schon nicht als Kovariable in Frage kommt, interessiert nur für die abhängige Variable *buy*, wie die Ergebnisse dieser einzelnen Regressionen zu interpretieren sind. Tabelle 5.4 zeigt die Pfadkoeffizienten und Signifikanzen der zwölf Regressionen. Besonders auffällig ist, dass der Einfluss des Alters auf Fitstufe 3(unpassende Erweiterungsprodukte) nicht einheitlich ist. Hier tauchen sowohl signifikant negative, signifikant positive als auch nichtsignifikante Wirkungen auf. Der Einfluss des Alters auf die abhängige Variable *buy* ist nicht homogen und die Kovariable Alter somit zur Varianzanalyse ungeeignet.

Tabelle 5.4   Ergebnis der Homogenitätsprüfung der Kovariablen

		d_ord = 0		d_ord = 1	
		d_inv = 0	d_inv = 1	d_inv = 0	d_inv = 1
d_fit = 1	Beta	0,033	-0,127	0,375*	0,121
	Signifikanz	0,886	0,511	0,085	0,540
d_fit = 2	Beta	-0,063	-0,030	0,581**	-0,020
	Signifikanz	0,787	0,879	0,005	0,920
d_fit = 3	Beta	-0,460**	-0,350*	0,621**	-0,182
	Signifikanz	0,036	0,062	0,002	0,355

** signifikant auf 5%   *signifikant auf 10%

5.3.3 Durchführung der Varianzanalyse

Für den in **Abbildung 5.1** verdeutlichten Forschungsansatz eignen sich zwei getrennte Analysen. Um die Effekte der ersten Analyse zu untersuchen, wird eine multivariate Varianzanalyse mit den Einflussfaktoren *d_fit* und *d_ord*, den abhängigen Variablen *like*, *qua* und *buy* sowie der Kovariablen *age* durchgeführt. Einen ersten Blick sollte man im Ergebnisoutput auf dem Levene-Test auf Gleichheit der Fehlervarianzen werfen. Sämtliche Werte liegen hier über dem kritischen Niveau von 5% und bestätigen die Varianzhomogenität für Analyse 1. Wie anhand der multivariaten Tests zu erkennen ist (siehe *Tabelle 14*), hat nur der Faktor *d_fit* einen direkten Einfluss auf die abhängigen Variablen (p=.000). Die Kovariable *age* (p=.240), der direkte Einfluss von *d_ord* (p=.492) sowie die Interaktion von *d_fit* und *d_ord* (p=.569) sind nicht signifikant von Null verschieden. Das heißt lediglich der Faktor Fit hat einen signifikanten Einfluss auf die drei abhängigen Variablen.

Die univariaten Zwischensubjekteffekte bestätigen diese Ergebnisse. Alle drei abhängigen Variablen werden signifikant von Faktor *d_fit* beeinflusst. Lediglich die abhängige Variable *like* scheint durch das Alter beeinflusst zu werden (bei einem 10%-Signifikanzniveau). Für die beiden anderen abhängigen Variablen zeigt das Alter, wie bereits nach Durchführung der multivariaten Analyse vermutet, keinen signifikanten Einfluss. **Tabelle 5.5** fasst die Ergebnisse der multivariaten und univariaten Analyse zusammen.

Tabelle 5.5   Ergebnisse der multivariaten und univariaten Analyse 1

	Multivariate Tests			Univariate Tests	
	Signifikanz (Wilks-Lambda)	Effektstärke (Eta-Quadrat)		Signifikanz (Wilks-Lambda)	Effektstärke (Eta-Quadrat)
age	0,240	0,014	like	0,058	0,012
			qua	0,145	0,007
			buy	0,367	0,003
d_fit	0,000	0,183	like	0,000	0,220
			qua	0,000	0,270
			buy	0,000	0,193
d_ord	0,492	0,008	like	0,221	0,005
			qua	0,181	0,006
			buy	0,573	0,001
d_fit*d_ord	0,569	0,008	like	0,479	0,005
			qua	0,160	0,012
			buy	0,727	0,002

Um die Wirkungsrichtung des Einflussfaktors *d_fit* festzustellen, bieten sich die graphische Analyse, a-priori-Kontraste oder Post-Hoc-Tests an. Die Unterscheidung von drei verschiedenen Faktorstufen soll anhand der Post-Hoc-Tests aufgezeigt werden. Die nichtsignifikante Kovariable *age* ist hierzu aus dem Auswahlfenster zu entfernen. Als Test kommt aufgrund der Varianzhomogenität die Scheffé-Prozedur zum Einsatz. Das Ergebnis zeigt, dass für alle drei abhängigen Variablen Unterschiede zwischen allen drei Fitstufen bestehen, für die meisten sogar auf dem 1%-Signifikanzniveau. Die Spalte mit den Signifikanzen der Faktorstufen zeigt, welche Ausprägungen voneinander signifikant verschieden sind. Die vielen Werte unter 1% deuten auf signifikante Unterschiede hin. Lediglich der Unterschied zwischen den Faktorstufen 1 und 2 in Bezug auf *like* (p=.036) sowie der Unterschied zwischen den Faktorstufen 2 und 3 in Bezug auf *buy* (p=.020) werden „nur" auf dem 5%-Signifikanzniveau bestätigt. Auch dieses ist jedoch vollkommen ausreichend, um von einem Unterschied zu sprechen. Anhand der Vorzeichen der mittleren Differenzen kann man erkennen, dass die prognostizierte Wirkungsrichtung korrekt war: Faktorstufe 1 wird höher bewertet als Faktorstufe 2 und diese wiederum höher als Faktorstufe 3. **Abbildung 5.6** zeigt das entsprechende Outputfenster. Die Effektstärke des Einflusses von *d_fit* zeigt mit Werten zwischen 0.193 und 0.270 gemäß der Definition von Cohen sogar einen starken Effekt für alle drei abhängigen Variablen.

Um die Effekte der zweiten Analyse zu untersuchen, wird das Untersuchungsmodell der ersten Analyse um den Einflussfaktor *d_inv* erweitert. Von besonderem Interesse für die moderierende Wirkung dieses Einflussfaktors sind die Interaktionsterme mit den beiden anderen unabhängigen Größen *d_fit* und *d_ord*. Im ersten Schritt sollte sich das Augenmerk wieder auf den Homogenitätstest der Fehlervarianzen nach Levene richten. Da die entsprechenden Werte alle unter dem kritischen Niveau von 5% liegen, ist von einer Prämissenverletzung im Hinblick auf die Varianzhomogenität auszugehen. Wie schon im Rahmen der Normalverteilung beschrieben, ist daher eine Gleichverteilung der Zellen notwendig, um weiterhin eine robuste Schätzung durchzuführen.

Betrachtet man die Ergebnisse der multivariaten und univariaten Analyse 2, so bestätigen sich die in Analyse 1 festgestellten Effekte für die Faktoren *d_fit* und *d_ord* sowie für die Kovariable *age*. Besonderes Augenmerk liegt jedoch auf den beiden Interaktionseffekten des zusätzlichen Einflussfaktors *d_inv*. Diese werden beide auf einem 5%-Signifikanzniveau bestätigt, multivariat wie univariat. Der direkte Einfluss des Involvements ist dagegen nicht signifikant von Null verschieden.

Abbildung 5.6 Ergebnis der Post-Hoc-Tests in Analyse 1

Multiple Comparisons

Scheffé

Abh. Variable	(I)d_fit	(J)d_fit	Mittlere Differenz (I-J)	Standardfehler	Signifikanz	95%-Konfidenzintervall Untergrenze	Obergrenze
like	1	2	,45*	,174	,036	,02	,88
	1	3	1,53*	,174	,000	1,10	1,96
	2	1	-,45*	,174	,036	-,88	-,02
	2	3	1,08*	,174	,000	,65	1,51
	3	1	-1,53*	,174	,000	-1,96	-1,10
	3	2	-1,08*	,174	,000	-1,51	-,65
qua	1	2	,71*	,158	,000	,32	1,10
	1	3	1,64*	,158	,000	1,25	2,03
	2	1	-,71*	,158	,000	-1,10	-,32
	2	3	,93*	,158	,000	,54	1,32
	3	1	-1,64*	,158	,000	-2,03	-1,25
	3	2	-,93*	,158	,000	-1,32	-,54
buy	1	2	1,02*	,188	,000	,56	1,48
	1	3	1,55*	,188	,000	1,09	2,01
	2	1	-1,02*	,188	,000	-1,48	-,56
	2	3	,53*	,188	,020	,07	,99
	3	1	-1,55*	,188	,000	-2,01	-1,09
	3	2	-,53*	,188	,020	-,99	-,07

Grundlage: beobachtete Mittelwerte.
Der Fehlerterm ist Mittel der Quadrate(Fehler) = 1,766
*. Die mittlere Differenz ist auf dem ,05-Niveau signifikant.

Quelle: SPSS Statistics.

Tabelle 5.6 fasst die Ergebnisse der zusätzlichen Effekte zusammen.

Tabelle 5.6 Ergebnisse der multivariaten und univariaten Analyse 2

	Multivariate Tests			Univariate Tests	
	Signifikanz (Wilks-Lambda)	Effektstärke (Eta-Quadrat)		Signifikanz (Wilks-Lambda)	Effektstärke (Eta-Quadrat)
d_inv	0,437	0,009	like	0,436	0,002
			qua	0,126	0,008
			buy	0,307	0,004
d_fit*d_inv	0,000	0,046	like	0,000	0,063
			qua	0,015	0,029
			buy	0,000	0,073
d_ord*d_inv	0,037	0,029	like	0,024	0,018
			qua	0,009	0,023
			buy	0,006	0,026

Um die Wirkungsrichtung der beiden Interaktionen zu untersuchen, wird nun die graphische Analyse beispielhaft an der abhängigen Variablen *like* angewandt. Für die beiden anderen abhängigen Variablen ergeben sich ähnliche Effekte mit gleicher Wirkungsrichtung. Besonders bei Interaktionseffekten lohnt sich eine graphische Analyse. Die Variable *d_inv* wird dabei jeweils auf getrennten Linien dargestellt, um eine konsistente Interpretation zu ermöglichen. Dabei zeigt die gestrichelte Linie diejenigen Probanden mit niedrigem Involvement und die durchgezogene Linie diejenigen mit hohem Involvement. Die Reihenfolge des Markteintritts ist bei 0 ungeordnet und bei 1 geordnet. In **Abbildung 5.7** kann man erkennen, dass eine disordinale Interaktion zwischen den Variablen *d_ord* und *d_inv* vorliegt. Gering involvierte Personen ziehen demnach eine geordnete Reihenfolge des Markteintritts einer ungeordneten vor. Hoch involvierte Personen dagegen präferieren den ungeordneten Markteintritt leicht.[191]

Dies erklärt auch, warum der direkte Effekt des Involvements nicht signifikant war. Da gegenläufige Wirkungen für hoch und niedrig involvierte Personen vorliegen, heben sich die Effekte durch Aggregation beider Gruppen auf. Der Effekt ist mit Eta-quadrat-Werten zwischen 0.018 und 0.026 nach Cohen als schwacher Effekt anzusehen.

---

[191] Anhand eines Mittelwertvergleichs könnte hier im Detail ersichtlich werden, ob diese leichte Präferenz zufällig ist oder sich signifikant von Null unterscheidet. Zur Erläuterung der weiteren Vorgehensweise wird darauf jedoch nicht im Detail eingegangen.

Abbildung 5.7 Graphische Darstellung der Interaktion d_ord*d_inv

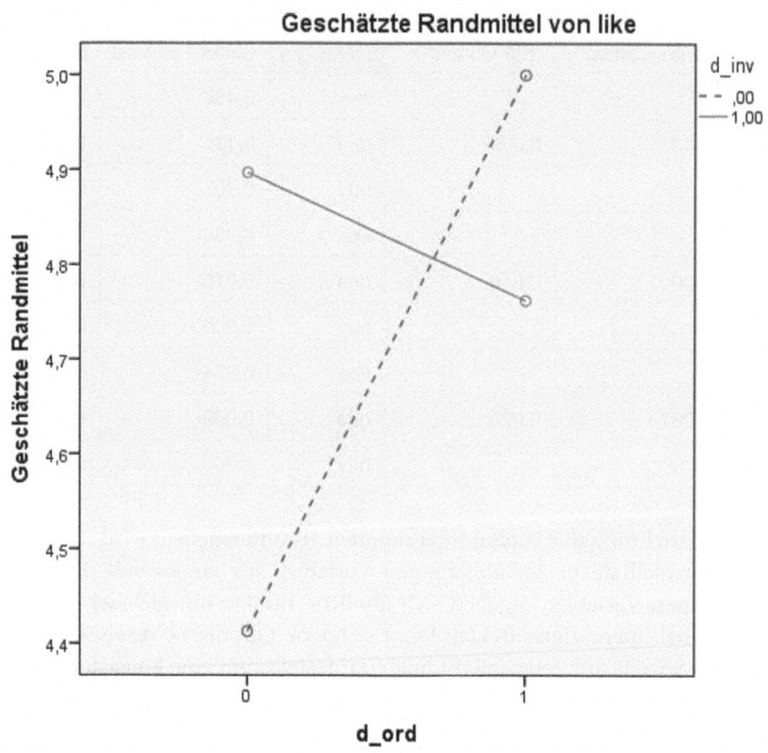

Quelle: SPSS Statistics.

Abbildung 5.8 zeigt die zweite Interaktion zwischen den Variablen *d_fit* und *d_inv*. Hier kann man erkennen, dass für hoch involvierte Personen (grüne Linie) eine lineare Abnahme des persönlichen Gefallens mit der Fitstufe vorliegt. Niedrig involvierte Personen (blaue Linie) dagegen zeigen einen nichtlinearen Verlauf mit leichter Präferenz für mittelmäßig passende Erweiterungsprodukte. Am wenigsten gefällt beiden Gruppen, also sowohl den hoch als auch niedrig involvierten Personen, Fitstufe 3 (unpassende Produkte). Die Stärke dieses Effekts ist nach Cohen als mittelstark für die abhängigen Variablen *like* (6.3%) und *buy* (7.3%) anzusehen. Die Eta-quadrat-Werte sind beide größer als die von Cohen identifizierte Grenze von 5.9%. Auf die abhängige Variable *qua* scheint dagegen mit 2.9% nur ein schwacher Effekt zu wirken.

Abbildung 5.8 Graphische Darstellung der Interaktion d_fit*d_inv

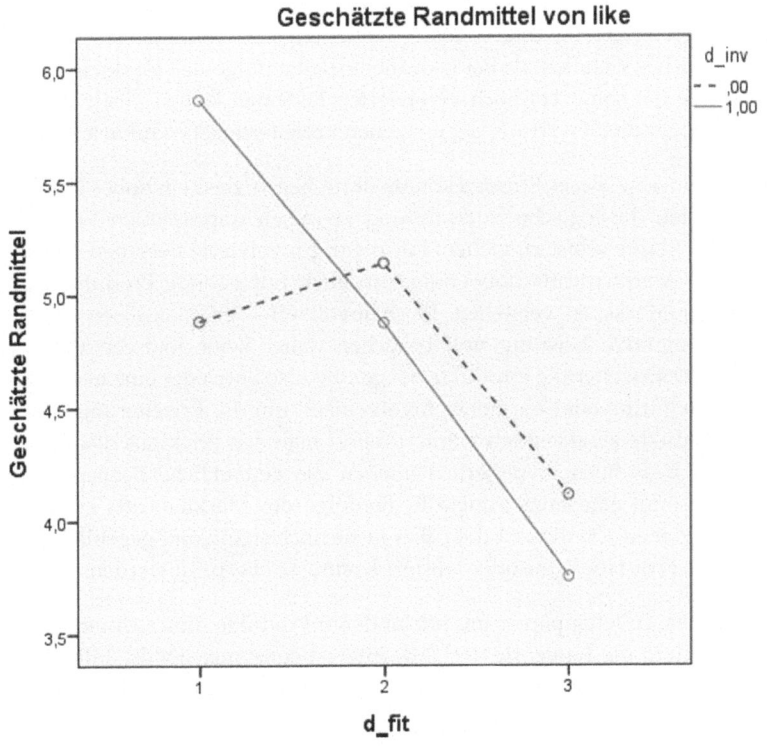

Quelle: SPSS Statistics.

Liegen die Ergebnisse und insbesondere die Interaktionen im Detail vor, so kann mit der Interpretation fortgefahren werden. Der Fokus liegt bei der Varianzanalyse auf den signifikanten Interaktionen. Beispielhaft soll daher die Interaktion d_ord*d_inv interpretiert werden. Der direkte Einfluss des Involvements ist intuitiv logisch und wird an dieser Stelle nicht weiter erläutert. Eine detaillierte Analyse der Interaktion d_fit*d_inv ist in der entsprechenden Publikation der Gesamtergebnisse dieser Studie zu finden.[192]

Die Interaktion d_ord*d_inv wurde als disordinal identifiziert und zeigt somit gegenläufige Effekte. Für niedrig involvierte Personen scheint es demnach essentiell wichtig zu sein, dass multiple Markenerweiterungen in einer sinnvollen Reihenfolge in den Markt eingeführt werden. Erst durch die schrittweise gedankliche Verbindung der einzelnen Produkte entsteht die notwendige Basis für eine positive Bewertung der unpassenden Erweite-

---

[192] Vgl. Huber et al. (2013).

rungsprodukte. Dies spiegelt sich dann in den abhängigen Variablen *like*, *qua* und *buy* wider. Die Kettenbildung der einzelnen Produkte bis hin zum unpassenden Erweiterungsprodukt hat also einen positiven Einfluss auf die Bewertung der Markenerweiterungen. Für hoch involvierte Probanden scheint dagegen ein umgekehrter Zusammenhang vorzuliegen. Diese zeigen bei ungeordneter Reihenfolge des Markteintritts sogar ein leicht höheres persönliches Gefallen als bei geordneter Reihenfolge des Markteintritts. Die logische Reihenfolge hat somit bei hoch involvierten Personen keinen positiven Einfluss, sie verschlechtert sogar die Bewertung der einzelnen Erweiterungsprodukte leicht.

Eine mögliche Ursache dieses Effektes könnte darin liegen, dass ein hohes Involvement die Möglichkeit bietet, die logische Verknüpfung zwischen unpassenden Erweiterungsprodukten und der Marke selbst zu ziehen. Für niedrig involvierte Personen ist eine logische Reihenfolge des Markteintritts notwendig, um auch unpassende Produkte als sinnvolle Erweiterung der Marke zu verstehen. Hoch involvierte Personen lösen dieses Problem bereits durch kognitive Leistung und brauchen daher keine logische Reihenfolge des Markteintritts der Erweiterungsprodukte. Es genügt also entweder eine geordnete Reihenfolge des Markteintritts oder ein hohes Involvement, um die Erweiterung der Marke auf unpassende Produkte zu akzeptieren. Interpretiert man den Effekt als disordinal, so kann man festhalten, dass hoch involvierte Personen die gedankliche Beanspruchung sogar gutheißen und somit eine ungeordnete Reihenfolge des Markteintritts einer geordneten Reihenfolge vorziehen. Ob dieser Effekt aber tatsächlich signifikant gegenläufig ist, müsste im Detail mittels Post-Hoc-Tests oder a-priori-Kontraste überprüft werden.

Da Taschentücher, Toilettenpapier und die anderen Produkte dieser Untersuchung jedoch alle grundsätzlich in die Kategorie der „low interest-consumer goods" fallen, kann in der Regel von Situationen ausgegangen werden, in denen das Involvement der Konsumenten niedrig ist. Die geordnete Marktreihenfolge scheint für Erweiterungen der Marke Tempo daher der sinnvollere Weg zu sein, um mit multiplen Markenerweiterungen in Hongkong erfolgreich in den Markt zu gehen. Mit Hilfe der ersten passenden Markenerweiterungen würde dann sogar eine Basis geschaffen, um auch mittelmäßig passende Erweiterungsprodukte einzuführen. Von vollkommen unpassenden Erweiterungsprodukten ist jedoch auf Basis der vorliegenden Ergebnisse in jedem Fall abzuraten.

6 Fazit und Ausblick

Um insbesondere weniger erfahrenen Personen Experimente als empirische Untersuchungsmethode zugänglicher zu machen, war es das Ziel dieses Buches eine schrittweise Anleitung zur Konzeption, Durchführung und Auswertung von Experimenten mittels Varianzanalyse zu liefern.

Im ersten Kapitel wurden daher diese drei wesentlichen Bestandteile von Experimenten erläutert. Jeder dieser Schritte birgt eigene Risiken, die das Ergebnis eines Experiments stark verzerren können. Aktuelle Studien aus hochrangigen wissenschaftlichen Zeitschriften dienen als Referenz zur weiteren Recherche. In allen wurde mindestens ein Experiment mit varianzanalytischer Auswertung vorgenommen. Da besonders im Bereich der Konsumentenforschung vermehrt auf diese Art der Untersuchung zurückgegriffen wird, empfiehlt es sich, weitere aktuelle Forschungsstudien zu recherchieren und zu analysieren, bevor selbst ein experimentelles Design in Angriff genommen wird.

Im zweiten Kapitel wurden die Grundlagen sozialwissenschaftlicher Forschung vermittelt. Dabei wurde herausgestellt, dass wissenschaftliche Erkenntnisse stets aus einem Zusammenspiel von wohlbegründeten Hypothesen und deren empirischer Überprüfung resultieren. Für ein besseres Verständnis dieses Vorgehens standen in diesem Kapitel die Vermittlung wissenschaftstheoretischer Grundpositionen, das Arbeiten mit Theorien und die darauf basierende Hypothesenbildung im Vordergrund. Die Notwendigkeit der statistischen Überprüfung von postulierten Hypothesen auf Basis einer empirischen Studie wurde mittels der Idee der statistischen Signifikanz dargelegt.

Im dritten Kapitel wurde das Experiment als Methode der empirischen Gewinnung von Daten erläutert. Im Mittelpunkt stand zunächst die Grundidee von Experimenten, nämlich die Manipulation von interessierenden Einflussgrößen, im Vordergrund. Explizit unterschieden wurden Labor- und Feldexperimente, deren Vor- und Nachteile detailliert dargelegt wurden. Daran anknüpfend interessierten experimentelle Versuchspläne präsentiert. Für die Marketingforschung ist vor allem die Unterscheidung zwischen Between- und Within-Subject-Designs von Interesse. Bei der Planung und Durchführung von Experimenten sind darüber hinaus mit großer Regelmäßigkeit Fehler methodischer Art zu beobachten. Daher wurden die wesentlichen Methodenfehler in einem weiteren Abschnitt dargestellt und Aspekte zur Vermeidung dieser Fehler genannt. Für den Erkenntnisgewinn bei der Durchführung von Experimenten ist darüber hinaus von großer Relevanz, die abhängigen Variablen korrekt zu messen sowie mögliche Störvariablen zu kontrollieren. Zu diesem Zweck wurde die Vorgehensweise bei der Operationalisierung von Variablen und Kontrolle von Störgrößen erläutert. Abschließend standen Kriterien zur Beurteilung von Experimenten im Blickpunkt. Das Augenmerk richtete sich in diesem Zusammenhang auf die Konzepte der Validität und der Reliabilität.

Im vierten Kapitel wurde der Fokus zunächst auf eine sinnvolle Vorbereitung der Daten sowie einen zielgerichteten Umgang mit dem Datensatz gelegt. Die varianzanalytische

Auswertung von empirischen Daten mittels SPSS sollte somit in ihren Grundzügen auch dann durchführbar sein, wenn zuvor keine Kenntnisse in der Nutzung von SPSS bestanden. Das methodische Themengebiet der Varianzanalyse ist jedoch zu umfangreich, um alle Facetten im Detail zu erläutern. Gerade im Hinblick auf die verschiedenen Einstellungsmöglichkeiten im Zuge der Durchführung der Varianzanalyse konnte nicht auf sämtliche Auswahloptionen eingegangen werden. Somit bleibt es dem lernenden Forscher überlassen, sich tiefer in das Themengebiet der Varianzanalyse einzuarbeiten, um genauere, exaktere und wissenschaftlich korrektere Modellspezifikationen zur Auswertung entsprechender Datensätze zu erlernen und die Anwendung dieser zu dokumentieren.

Im fünften Kapitel wurde anhand einer tatsächlich durchgeführten experimentellen Forschungsstudie die komplette Konzeption, Durchführung und Analyse veranschaulicht. Jeder Vorbereitungs- und Rechenschritt wurde einzeln aufgezeigt und kann anhand der zur Verfügung stehenden Daten nachvollzogen werden. Der entsprechende Datensatz ist im Downloadcenter des Lehrstuhls für Marketing I der Johannes Gutenberg-Universität Mainz zu finden. Dabei handelt es sich um einen gekürzten Datensatz, der nur die Daten enthält, die zur Berechnung der im fünften Kapitel erläuterten Ergebnisse notwendig sind. Außerdem wurde der Datensatz auf eine übersichtliche Anzahl an Probanden reduziert. Die Ergebnisse der Studie zur Erweiterung der Marke Tempo in Hongkong können in der entsprechenden Publikation im *Journal of Brand Management* nachgelesen werden.[193]

---

[193] Vgl. Huber et al. (2013).

Literatur

Aaker, D. A.; Keller, K. L. (1990): Consumer Evaluations of Brand Extensions, in: Journal of Marketing, Vol. 54, pp. 27-41.

Aaker, D. A.; Kumar, V.; Day, G. S. (2001): Market Research, Wiley.

Ailawadi, K. L.; Dant, R. P.; Grewal, D. (2004): The Difference between Perceptual and Objective Measures: An Empirical Analysis, Cambridge.

Anderson, P. (1983): Marketing, Scientific Progress, and Scientific Method, in: Journal of Marketing, Vol. 47, October, S. 18-31.

Arnold, H. J.; Feldman, D. C. (1981): Social Desirability Response Bias in Self-Report Choice Situations, in: Academy of Management Journal, Vol. 24, pp. 377-385.

Aronson, E.; Ellsworth, P. C.; Carlsmith, J. M.; Gonzales, M. H. (1990): Methods of Research in Social Psychology, 2nd Edition, McGraw-Hill, New York.

Atteslander, P. (2003): Methoden der empirischen Sozialforschung, de Gruyter, Berlin.

Backhaus, K.; Erichson, B.; Plinke, W.; Weiber, R. (2008): Multivariate Analysemethoden. Eine anwendungsorientierte Einführung, 12. Auflage, Berlin.

Bagozzi, R. P.; Yi, Y.; Phillips, L. W. (1991): Assessing construct validity in organizational research, in: Administrative Science Quarterly, Vol. 36, No. 3, S. 421-458.

Bapat, D.; Panwar, J. S. (2009): Consumer Evaluation of Brand Extensions: An Empirical Assessment in the Indian Context, in: Vision, Vol. 13, pp. 47–52

Barone, M. J. (2005): The Interactive Effects of Mood and Involvement on Brand Extension Evaluations, in: Journal of Consumer Psychology, Vol 15, pp. 263-270.

Barone, M. J.; Miniard, P. W. (2002): Mood and Brand Extension Judgments: Asymmetric Effects for Desirable Versus Undesirable Brands, in: Journal of Consumer Psychology, Vol. 12, pp. 283-290.

Baumgarth, C.; Bernecker, M. (1999): Marketingforschung, Oldenbourg.

Berekoven, L.; Eckert, W.; Ellenrieder, P. (2009): Marktforschung. Methodische Grundlagen und praktische Anwendung, 12. Auflage, Wiesbaden.

Bortz, J. (2005): Statistik für Human- und Sozialwissenschaftler, 6. Auflage, Heidelberg.

Bortz, J.; Döring, N. (2002): Forschungsmethoden und Evaluation: Für Human- und Sozialwissenschaftler, 3. Auflage, Berlin.

Bottomley, P. A.; Holden, S. J. S. (2001): Do We Really Know How Consumers Evaluate Brand Extensions? Empirical Generalizations Based on Secondary Analysis of Eight Studies, in: Journal of Marketing Research, Vol. 38, pp. 494-500.

Bray, J. H.; Maxwell, S. E. (1985): Multivariate Analysis of Variance.

Bronner, R.; Appel, W.; Wiemann, V. (1999): Empirische Personal- und Organisationsforschung, 1. Auflage, München 1999.

Brosius, H.-B.; Koschel, F. (2001): Methoden der empirischen Kommunikationsforschung. Eine Einführung, Wiesbaden 2001.

Brosius, H.-B.; Koschel, F.; Haas, A. (2009): Methoden der empirischen Kommunikationsforschung. Eine Einführung, 5. Auflage, Wiesbaden.

Brown, S. R.; Collins, R. L.; Schmidt, G. W. (1990): Experimental Design and Analysis, Newbury 1990.

Burgess, S. M.; Steenkamp, J.-B. (2006): Marketing Renaissance: How Research in Emerging Markets Advances Marketing Science and Practice, in: International Journal of Research in Marketing, Vol. 23, pp. 337-356.

Burke, M. J.; Brief, A. P.; George, J. M. (1993): The Role of Negative Affectivity in Understanding Relations between Self-Reports of Stressors and Strains: A Comment on the Applied Psychology Literature, Journal of Applied Psychology, 78, 402-426.

Campbell, D. T.; Fiske, D. (1959): Convergent and Discriminant Validation by the Multitrait-Multimethod Matrix, in: Psychological Bulletin, Vol. 103, S. 276-279.

Campbell, D. T.; Stanley, J. C. (1963): Experimental and Quasi-Experimental Designs for Research in Teaching, in: Gage, N.L. (Hrsg.): Handbook of Research in Teaching, Chicago.

Carrier, M. (2009): Wege der Wissenschaftsphilosophie im 20. Jahrhundert, in: Bartels, A. und Stöckler, M. (Hrsg.): Wissenschaftstheorie, 2. Auflage, Paderborn: Mentis, S. 15-44.

Churchill, G. A. (1979): A Paradigm for Developing Better Measures of Marketing Constructs, Journal of Marketing Research, 16, 1, 64-73.

Cohen, J. (1988): Statistical Power Analysis for the Behavioral Sciences, 2. Auflage, New Jersey.

Cook, T.; Campbell, D. (1976): The Design and Conduct of Quasi-Experiments in Field Settings, in: Dunette, M. (Hrsg.), Handbook of Industrial and Organizational Psychology, Chicago 1976, S. 223-236.

Dawar, N.; Anderson, P. F. (1994): The Effects of Order and Direction on Multiple Brand Extensions, in: Journal of Business Research, Vol. 30, pp. 119-129.

De Jong, M. G.; Steenkamp, J.-B.; Veldkamp, B. P. (2009): A Model for the Construction of Country-Specific Yet Internationally Comparable Short-Form Marketing Scales, in: Marketing Science, Vol. 28, pp. 674-689.

Deshpande, R. (1983): Paradigms Lost – On Theory and Method in Research and Marketing, in: Journal of Marketing, Vol. 47, S. 101-110.

Diamantopoulos, A.; Winklhofer, H. M. (2001): Index Construction with Formative Indicators: An Alternative to Scale Development, in: Journal of Marketing, Vol. 38, S. 269-277.

Diamantopoulos, A.; Siguaw, J. A. (2006): Formative versus reflective indicators in organizational measure development: a comparison and empirical illustration, in: British Journal of Management, Vol. 17, No. 4, pp. 263-282.

Dou, W; Lim, K. H.; Su, C.; Zhou, N.; Cui, N. (2010): Brand Positioning Strategy Using Search Engine Marketing, in: Management Information Systems Quarterly, Vol. 34, pp. 261-279.

Edwards, J. R.; Bagozzi, R. P. (2000): On the Nature and Direction of Relationships between Constructs and Measures, in: Psychological Methods, Vol. 5, No. 2, S. 155-174.

Erichson, B. (1995): Experimente, in: Tietz, B./Köhler, R. (Hrsg.): Handwörterbuch des Marketing, 2. Auflage, Stuttgart 1995, S. 639-654.

Ernst, H. (2003): Ursachen eines Informant Bias und dessen Auswirkung auf die Validität empirischer betriebswirtschaftlicher Forschung, Zeitschrift für Betriebswirtschaft, 73, 12, 1249-1275.

Eschweiler, M.; Evanschitzky, H.; Woisetschläger, D. (2007): Laborexperimente in der Marketingwissenschaft - Bestandsaufnahme und Leitfaden bei varianzanalytischen Auswertungen, Münster.

Fahrmeir, L.; Kneib, T.; Lang, S. (2009): Regression: Modell, Methoden und Anwendungen, 2. Auflage, Heidelberg.

Feyerabend, P. K. (1965): Problems of Empiricism, in: Colodny, R. G. (Hrsg.): Beyond the Edge of Certainty, Englewood Cliffs, N. J., S. 145-260.

Franke, N. (2002): Realtheorie des Marketing: Gestalt und Erkenntnis, Mohr Siebeck.

Fu, G.; Ding, J.; Qu, R. (2009): Ownership Effects in Consumers' Brand Extension Evaluations, in: Journal of Brand Management, Vol. 16, pp. 221–233.

Fu, G.; Saunders, J.; Qu, R. (2009): Brand Extensions in Emerging Markets: Theory Development and Testing in China, in: Journal of Global Marketing, Vol. 22, pp. 217–228.

Garretson Folse, J. A.; Netemeyer, R. G.; Burton, S. (2012): Spokescharacters. How the Personality Traits of Sincerity, Excitement, and Competence Help to Build Equity, in: Journal of Advertising, Vol. 41, pp. 17-32.

Gerbing, D. W.; Anderson, J. C. (1988): An Updated Paradigm for Scale Development Incorporating Undimensionality and its Assessment, in: Journal of Marketing Research, Vol. 25, Nr. 2, S. 186-192.

Glaser, W. R. (1978): Varianzanalyse, Stuttgart.

Green, P. E.; Tull, D. S.; Albaum, G. (1988): Research for Marketing Decisions, 5th Edition., New Jersey.

Greve, G. (2006): Erfolgsfaktoren von Customer-Relationship-Management Implementierungen, DUV, Wiesbaden.

Hair, J. F; Ringle, C. M; Sarstedt, M. (2011): PLS-SEM: Indeed a silver bullet, in: The Journal of Marketing Theory and Practice, Vol. 19, pp. 139-152.

Heller, J. (2012): Experimentelle Psychologie – Ein Einführung, 1. Auflage, München.

Herrmann, A.; Homburg, Ch. (2000): Marktforschung: Ziele, Vorgehensweise und Methoden, in: Herrmann, A., Homburg, Ch. (Hrsg.): Marktforschung, 2.Auflage, Wiesbaden 2000, S. 19-32.

Herrmann, A.; Seilheimer, C. (2000): Varianz- und Kovarianzanalyse, in: Herrmann, A.; Homburg, Ch. (Hrsg.), Marktforschung – Methoden, Anwendungen, Praxisbeispiele, 2. Auflage, Wiesbaden, S. 267-294.

Homburg, C. (2000): Kundennähe von Industriegüterunternehmen. Konzeption – Erfolgsauswirkungen – Determinanten, 3. Auflage, Wiesbaden.

Huber, F. (2004): Erfolgsfaktoren von Markenallianzen: Analyse aus der Sicht des strategischen Markenmanagements, Wiesbaden.

Huber, O. (2005): Das psychologische Experiment: Eine Einführung, 4. Auflage, Bern 2005.

Huber, F.; Lenzen, M.; Meyer, F.; Weihrauch, A. (2013): Brand Extensions in the Platform Countries of Asia: Effects of Fit, Order of Market Entry and Involvement, in: Journal of Brand Management 20, Vol. 5, 424-443.

Hunt, S. D. (1984): Should Marketing Adopt Relativism?, in: Anderson, P./Ryan, M. (Hrsg.): Scientific Method in Marketing, Chicago, S. 30-34.

Hunt, S. D. (1994): A Realist Theory of Empirical Testing: Resolving the Theory-Ladenness/Objectivity Debate, in: Philosophy of the Social Sciences, Vol. 24, No. 2, S. 133-158.

Janssen, J.; Laatz, W. (2007): Statistische Datenanalyse mit SPSS für Windows, 6. Auflage, Berlin.

Jex, S. M.; Spector, P. E. (1996): The Impact of Negative Affectivity on Stressors and Strain Relations: A Replication and Extension, Work and Stress, 10, 36-45.

Kinnear, T. C.; Taylor, J. R. (1983): Marketing Research. An Applied Approach, 2. Auflage, New York 1983.

Koch, J. (1997): Marktforschung. Begriffe und Methoden, 2. Auflage, Oldenburg 1997.

Koch, J. (2001): Marktforschung: Begriffe und Methoden, 3. Auflage, München et al. 2001.

Koschate, N. (2002): Kundenzufriedenheit und Preisverhalten: Theoretische und empirisch experimentelle Analysen, Wiesbaden 2002.

Kromrey, H. (2006): Empirische Sozialforschung, 11. Auflage, Opladen 2006.

Kubiczek, H. (1975): Empirische Organisationsforschung, Stuttgart.

Kumar, N.; Stern, L. W.; Anderson, E. W. (1993): Conducting Interorganizational Research Using Key Informants, Academy of Management Journal, 36, 6, 1633-1651.

Leigh, J. H.; Kinnear, T. C. (1980): On Interaction Classification, in: Educational and Psychological Measurement, Vol. 40, pp. 841-841.

Leplin, J. (1981): Truth and Scientific Progress, in: Studies in History and Philosophy of Sciences, Vol. 12, S. 269-291.

Maoz, E.; Tybout, A. M. (2002): The Moderating Role of Involvement and Differentiation in the Evaluation of Brand Extensions, in: Journal of Consumer Psychology, Vol. 12, pp. 119-131.

Martin, A. (1989): Die empirische Forschung in der Betriebswirtschaftslehre, Stuttgart.

Meffert, H. (1992): Marketingforschung und Käuferverhalten, 2. Auflage, Wiesbaden 1992.

Meffert, H.; Burmann, C.; Kirchgeorg, M. (2008): Marketing. Grundlagen marktorientierter Unternehmensführung: Konzepte – Instrumente – Praxisbeispiele, 10. Auflage, Wiesbaden.

Merton, R. K. (1998): Soziologische Theorie und soziale Struktur, De Gruyter.

Mervis, C. B.; Rosch, E. (1981): Categorization of Natural Objects, in: Annual Review of Psychology, Vol. 32, pp. 89-115.

Mogilner, C.; Aaker, J.; Kamvar, S. D. (2012): How Happiness Affects Choice, in: Journal of Consumer Research, Vol. 39, pp. 429-443.

Monga, A. B.; John, D. R. (2007): Cultural Differences in Brand Extension Evaluation. The Influence of Analytic versus Holistic Thinking, in: Journal of Consumer Research, Vol. 33, pp. 529–536.

Nieschlag, R.; Dichtl, E.; Hörschgen, H. (2002): Marketing, 19. Auflage, Berlin.

Nkwocha, I.; Yeqing B.; Johnson, W. C.; Brotspies, H. V. (2005): Product Fit and Consumer Attitude toward Brand Extensions: The Moderating Role of Product Involvement, in: Journal of Marketing Theory & Practice, Vol. 13, pp. 49–61.

Nunally, J. C. (1978): Psychometric Theory, 2. Auflage, New York 1978.

Oelsnitz, D. v.d. (1997): Werturteilsstreit und theoretischer Pluralismus. Überlegungen zu zwei ungelösten Problemen sozialwissenschaftlicher Forschung. Arbeitspapier Nr. 97/04, TU Braunschweig.

Pedhazur, E. J.; Schmelkin, L. (1991): Measurement, Design, and Analysis: An Integrated Approach, New Jersey.

Perdue, B.; Summers, J. (1986): Checking the Success of Manipulations in Marketing Experiments, in: Journal of Marketing Research Vol. 23, Nr. 4, S. 317-326.

Perreault, W. D.; Darden, W. R. (1975): Unequal Cell Sizes in Marketing Experiments: Use of the General Linear Hypothesis, in: Journal of Marketing Research, Vol. 12, pp. 333-342.

Peter, S. I. (1997): Kundenbindung als Marketingziel: Identifikation und Analyse zentraler Determinanten, Wiesbaden.

Peterson, R. A.; Albaum, G.; Beltramini, R. F. (1985): A Meta-Analysis of Effect Sizes in Consumer Behavior Experiments, in: Journal of Consumer Research, Vol. 12, pp. 97–103.

Podsakoff, P. M.; MacKenzie, S. B.; Lee, Y.; Podsakoff, N. P. (2003): Common Method Biases in Behavioral Research: A critical Review of the Literature and Recommended Remedies, Journal of Applied Psychology, 88, 5, 879-903.

Podsakoff, P. M.; Organ, D. W. (1986): Self-reports in Organizational Research: Problems and Prospects, Journal of Management, 12, 69-82.

Popper, K. R. (1973): Objektive Erkenntnis, Hamburg.

Rack, O.; Christophersen, T. (2006) Experimente, in: Albers, S., Klapper, D., Konradt, U., Walter, A., Wolf, J. (Hrsg.): Methodik der empirischen Forschung, Deutscher Universitäts-Verlag, Wiesbaden.

Raithel, J. (2006): Quantitative Forschung. Ein Praxiskurs, 2. Auflage; Wiesbaden.

Reips, U. D. (2003): Web-Experiment-Eckpfeiler der Online Forschung, in: Theobald, A.; Dreyer, M.; Starsetzki, T.(Hrsg.): Online-Marktforschung: Theoretische Grundlagen und praktische Erfahrungen, 2. Auflage, Wiesbaden 2003, S. 73-90.

Rinkenburger, R. (2009): Einführung in die Varianzanalyse, in: Schwaiger, M.; Meyer, A. (Hrsg.), Theorien und Methoden der Betriebswirtschaft, München, S. 491-511.

Robinson, S. R.; Irmak, C.; Jayachandran, S. (2012): Choice of Cause in Cause-Related Marketing, in: Journal of Marketing, Vol. 76, pp. 126-139.

Sarris, V. (1992): Methodologische Grundlagen der Experimentalpsychologie, Band 2: Versuchsplanung und Stadien des psychologischen Experiments, München et al. 1992.

Sarris, V.; Reiß, S. (2005): Kurzer Leitfaden der Experimentalpsychologie, München 2005.

Scheffler, H. (2000): Stichprobenbildung und Datenerhebung, in: Herrmann, A.; Homburg, Ch. (Hrsg.): Marktforschung, 2.Auflage, Wiesbaden 2000, S. 61-77.

Schnell, R.; Hill, P. B.; Esser, E. (2008): Methoden der empirischen Sozialforschung, 8. Auflage, München.

Specht, N. (2008): Erfolgsfaktor Service. Warum und wie Mitarbeiter im persönlichen Kontakt zum Kunden begeistern, Norderstedt.

Spector, P. E. (2006): Method Variance in Organizational Research. Truth or Urban Legend?, Organizational Research Methods, 9, 2, 221-232.

SPSS online Hilfe (2010): Zu den Mittelwertvergleichen, abrufbar unter: *http://www.uni-koeln.de/rrzk/kurse/unterlagen/statistik/mittelwertvergleiche.pdf, zuletzt abgerufen am 24.07.2010.*

Staehle, W. H. (1990): Management: Eine verhaltenswissenschaftliche Einführung, 5. Auflage, München.

Stapf (1995): Laboruntersuchungen, in: Roth, E.: Sozialwissenschaftliche Methoden, 4. Auflage, München, et al. 1995, S. 228-244.

Stelzl, I. (1995): Experiment, in: Roth, E.: Sozialwissenschaftliche Methoden, 4. Auflage, München et al. 1995, S. 108-125.

Stevens, J. P. (2002): Applied Multivariate Statistics for the Social Science, 4th Edition.

Stier, W. (1999): Empirische Forschungsmethoden, 2. Auflage, Berlin 1999.

Tabachnick, B. G.; Fidell, L. S. (2006): Using Multivariate Statistics, 5th Edition.

Triandis, H. C. (1975): Einstellungen und Einstellungsänderungen, Weinheim, Beltz.

Westermann, R. (1987): Wissenschaftstheoretische Grundlagen der experimentellen Psychologie, in: Lüer, G. (Hrsg.): Allgemeine experimentelle Psychologie, Stuttgart: Fischer.

Witte, E. (1981): Nutzungsanspruch und Nutzungsvielfalt, in: Witte, E. (Hrsg.): Der praktische Nutzen empirischer Forschung, Tübingen.

Zaltman, G.; LeMasters, K.; Heffring, M. (1982): Theory Construction in Marketing: Some Thoughts on Thinking, New York.

Mehr wissen – weiter kommen
↗

Seit den achtziger Jahren finden Strukturgleichungsmodelle mit latenten Variablen große Beachtung in der empirischen Marketingforschung. Die Verwendung dieses Modellansatzes ist kontinuierlich angestiegen und hat sich zu einem Quasi-Standard entwickelt. Als Methode zur Auswertung kausaler Beziehungen, bei denen latente Größen eine Rolle spielen, kommt häufig der LISREL-Ansatz zum Einsatz. Mit Partial Least Square bietet sich ein weiteres, jedoch varianzbasiertes Verfahren zur Schätzung komplexer Strukturgleichungen an.

Die Autoren geben einen Überblick über die Grundlagen der Methodik, der Abgrenzung zu anderen Verfahren bis hin zur Modellierung des vollständigen Kausalmodells und dessen Schätzung und Interpretation. Mit der gängigen Software wird die Anwendung des Verfahrens anhand von Screenshots an einem konkreten Beispiel vorgestellt und damit der Einstieg, aber auch eine Vertiefung in den PLS-Ansatz gewährleistet.

„Kausalmodellierung mit Partial Least Squares" wendet sich an Dozenten und Studenten der Wirtschaftswissenschaften, Psychologie, Soziologie, Medizin und Chemie und interessierte Praktiker.

Frank Huber, Andreas Herrmann, Frederik Meyer, Johannes Vogel, Kai Vollhardt
Kausalmodellierung mit Partial Least Squares
Eine anwendungsorientierte Einführung
2007. XIII, 142 S. brosch.
€ (D) 89,99 | € (A) 92,51 | *sFr 112,00
ISBN 978-3-8349-0561-1

The book covers all recent developments in Conjoint Analysis. Leading scientists present theory and applications of this technique. In short, the following models, techniques, and applications are discussed: normative models that maximize return, extension of choice-based conjoint simulations, latent class, hierarchical Bayes modelling, new choice simulators, normative models for representing competitive actions and reactions (based on game theory), applications in diverse areas, computation of monetary equivalents of part worth, share/return optimisation (including Pareto frontier analysis), coupling of conjoint analysis with the perceptual and preference mapping of choice simulator results.

Anders Gustafsson, Andreas Herrmann, Frank Huber (Eds.)
Conjoint Measurement
Methods and Applications
4th ed. 2007. VII, 373 p. 39 illus., Hardcover
€ (D) 128,39 | € (A) 131,99 | *sFr 160,00
ISBN 978-3-540-71403-3

€ (D) sind gebundene Ladenpreise in Deutschland und enthalten 7% MwSt.
€ (A) sind gebundene Ladenpreise in Österreich und enthalten 10% MwSt.
Die mit * gekennzeichneten Preise sind unverbindliche Preisempfehlungen und enthalten die landesübliche MwSt. Preisänderungen und Irrtümer vorbehalten.

Stand: März 2014. Änderungen vorbehalten.
Erhältlich im Buchhandel oder beim Verlag.

Abraham-Lincoln-Straße 46. D-65189 Wiesbaden
Tel. +49 (0)6221/3 45 - 4301 . springer-gabler.de

Mehr wissen – weiter kommen
↗

Das Standardwerk –
Mit einem ausführlichen Fallbeispiel

Das vorliegende Lehrbuch behandelt neun grundlegende Verfahren der multivariaten Datenanalyse in ausführlicher Weise. Dies sind die Regressions-, Zeitreihen-, Varianz-, Diskriminanz-Analyse, die Logistische Regression sowie Kontingenz-, Faktoren-, Cluster- und Conjoint-Analyse.

Die Vorteile des Buches sind: geringstmögliche Anforderungen an mathematische Vorkenntnisse, allgemein verständliche Darstellung anhand eines für alle Methoden verwendeten Fallbeispiels, konsequente Anwendungsorientierung, Erläuterung der Fallbeispiele unter Verwendung von IBM SPSS für Windows, vollständige Nachvollziehbarkeit der zentralen Rechenoperationen durch den Leser, Aufzeigen von methodenbedingten Manipulationsspielräumen und Eigenständigkeit der Darstellung jedes Verfahrens.

Der vorliegende erste Band richtet sich primär an die Zielgruppe der Bachelor-Studierenden, die umfassend mit den grundlegenden multivariaten Analyseverfahren vertraut gemacht werden und gleichzeitig einen ersten Einblick in die primär in Master- und Doktoranden-Studiengängen relevanten fortgeschrittenen Verfahren der multivariaten Analyse erhalten möchten.

Das Buch ist nicht auf eine bestimmte Fachrichtung festgelegt, sondern richtet sich an alle, die sich mit den Methoden der multivariaten Datenanalyse vertraut machen möchten. Die Beispiele sind zwar aus dem Marketing-Bereich entnommen, die Darstellungen aber so einfach gehalten, dass der Anwender diese leicht auf spezifische Fragen und Probleme in seinen jeweiligen Anwendungsfeldern übertragen kann. Über die Internetseite www.multivariate.de werden den Leserinnen und Lesern weitere Serviceleistungen zur Verfügung gestellt.

Klaus Backhaus, Bernd Erichson, Wulff Plinke, Rolf Weiber
Multivariate Analysemethoden
Eine anwendungsorientierte Einführung
13., überarb. Aufl. 2011. X, 583 S., 444 Abb.
broschiert
€ (D) 37,99 | € (A) 39,06 | *sFr 47,50
ISBN 978-3-642-16490-3

€ (D) sind gebundene Ladenpreise in Deutschland und enthalten 7% MwSt.
€ (A) sind gebundene Ladenpreise in Österreich und enthalten 10% MwSt.
Die mit * gekennzeichneten Preise sind unverbindliche Preisempfehlungen und enthalten die landesübliche MwSt. Preisänderungen und Irrtümer vorbehalten.

Stand: März 2014. Änderungen vorbehalten.
Erhältlich im Buchhandel oder beim Verlag.

Abraham-Lincoln-Straße 46. D-65189 Wiesbaden
Tel. +49 (0)6221/ 3 45 - 4301 . springer-gabler.de

Mehr wissen – weiter kommen

Das Standardwerk –
Mit einem ausführlichen Fallbeispiel

Multivariate Analysemethoden haben aktuell sowohl in der Hochschulausbildung als auch in der Anwendungspraxis eine weite Verbreitung gefunden, was nicht zuletzt auf die hohe Verfügbarkeit und leichte Bedienbarkeit leistungsfähiger Softwarepakete in diesem Bereich zurückzuführen ist. Einhergehend mit der Untergliederung der Hochschulausbildung in Bachelor-, Master- und Doktoranden-Studiengänge erscheint es deshalb zweckmäßig, gezielt für Master- und Doktoranden-Studiengänge fortgeschrittene Verfahren der multivariaten Analyse in einem einführenden Lehrtext zusammenzufassen.

Die in dem vorliegenden Lehrbuch behandelten Verfahren der multivariaten Analyse sind:

- Nichtlineare Regressionsanalyse
- Strukturgleichungsanalyse
- Konfirmatorische Faktorenanalyse
- Auswahlbasierte Conjoint-Analyse
- Neuronale Netze
- Multidimensionale Skalierung (MDS)
- Korrespondenzanalyse

In der 2. Auflage wurden alle Kapitel überarbeitet. Dabei wurde das Kapitel zur Auswahlbasierten (Choice Based) Conjoint-Analyse neu konzipiert, im Besonderen wurde es um die Gestaltung von Erhebungsdesigns und die Möglichkeit einer Durchführung mit SPSS erweitert.

Klaus Backhaus, Bernd Erichson, Rolf Weiber
Fortgeschrittene Multivariate Analysemethoden
Eine anwendungsorientierte Einführung
2., überarb. u. erw. Aufl. 2013. IX, 446 S. 375 Abb., broschiert
€ (D) 39,99 | € (A) 41,11 | *sFr 50,00
ISBN 978-3-642-37363-3

€ (D) sind gebundene Ladenpreise in Deutschland und enthalten 7% MwSt.
€ (A) sind gebundene Ladenpreise in Österreich und enthalten 10% MwSt.
Die mit * gekennzeichneten Preise sind unverbindliche Preisempfehlungen und enthalten die landesübliche MwSt. Preisänderungen und Irrtümer vorbehalten.

Stand: März 2014. Änderungen vorbehalten.
Erhältlich im Buchhandel oder beim Verlag.

Abraham-Lincoln-Straße 46. D-65189 Wiesbaden
Tel. +49 (0)6221/ 3 45 - 4301 . springer-gabler.de

The manufacturer's authorised representative in the EU is Springer Nature Customer Service Centre GmbH, Europaplatz 3, 69115 Heidelberg, Germany. If you have any concerns regarding our products, please contact ProductSafety@springernature.com

Printed and bound by CPI Group (UK) Ltd, Croydon, CR0 4YY

23/03/2026

02076457-0018